MYNAVI BUNKO

幸せ!って感じる自分になれる「ありがとう」の魔法

野坂礼子 著

マイナビ

はじめに

そんなに簡単に幸せになれる方法など、あるわけがない――良識のある人ほど、そう思うのではないでしょうか。

あなたがそう思うのならば、それは間違っていません。

しかし、「目の前で起きている事実だから」という理由で、私は自信を持って、あなたに日々「あゝ、幸せ~」って感じる自分になれる方法をお伝えします。

その方法は「感謝法」といいます。「ありがとう」を心の中で唱えるだけという、とても簡単な方法です。

「ありがとうございます」という言葉の不思議な力を、あなたの人生に取り入れてほしいのです。すると、あなたの暮らしが順調に進み出し、いいことがたくさん起こってくることでしょう。

すると、あなたは光り輝き、運が開いていきます。

私はこの30年を通して、「ありがとう」のすばらしさを、「笑顔セラピー」などのセミナーや講演活動、著作によってたくさんの方々に伝えてきました。その人数は、これまでに数千人、いや数万人です。

数え切れないほどたくさんの読者、受講生のみなさんが、この方法で人生を変え、運気を上げて幸せになっていかれました。人間関係の悩みがあっけなく消えた方、心や体の病気が治った方、天職に出会った方など、毎日が楽しく充実して、人生が驚くほど輝き出します。

次はあなたが実践する番です。何はともあれ、やらなければ損です。

無料で行えて、副作用はなし。とてもシンプルな方法
「あ〻幸せ〜」と感じる自分になってほしい！　これは私の悲願です。

野坂礼子《のさかれいこ》

幸せ!って感じる自分になれる「ありがとう」の魔法　目次

第3章　ツイてる人はギブの精神

第4章　人間関係の悩みが消える

第6章　ありがとうの本当の意味

付録　幸運が舞い込んだ４名の体験談

第1章

始めた人から実感できる

生きているだけでありがとう

「ありがとう」を唱え始めるきっかけは、人それぞれです。悩んだり、落ち込んだり、つらい出来事に対面したりしたときに始める方がほとんどです。きっかけはなんであれ、「ありがとう」を唱え始めることは、あなたの人生に必ずプラスをもたらします。

しかし、ここで勘違いをしないでください。マイナスを取り除くことが、すなわち幸せになることではありません。マイナスはプラスになる元であり、あなたのために準備された自分を幸せにするための研修であり、トレーニングであり、気づきや学びのチャンスであるのです。よくいわれるように、「ピンチはチャンス」なのです。

しかし、後ろ向きな弱い人間は、病気になれば、「もう最悪。私はだめだ」と思って、勇気をなくし、くじけてしまいます。あるいは、前向きに生きている強い人であったとしても、病気になれば、「なんとかこの逆境を乗り切るためにがんばるぞ」と無理に突っ張ってしまうことでしょう。

しかし、その病気というマイナスを、「ありがとうございます」という言葉の中にすべて預けるのです。すると、とても不思議なことなのですが、多くの場合、病気は治るし、大きなプラスが自分の人生に存在していることに気づき、喜べるのです。

あきらめたり、無理にがんばってマイナスを消そうとしたりしなくても、マイナスの出来事をきっかけに「ありがとうございます」を一心に唱えるようになると、感謝の心が芽生え現実の状況もプラスに変化することでしょう。「ありがとう」を唱えながら、すっかり忘れていた感謝の心を思い出すのです。「ありがたかったなあ」「うれしかったなあ」「ああ、『ありがとう』を忘れていた」「なんと恵まれていたのだろうか」

――たとえマイナスの出来事を抱えていようが、このままでじゅうぶんに幸せな存在である自分に気づくのです。「ありがとう」を唱え続けていると、とても苦しい出来事が、次のステップに行くための勇気となって自分の心の中に存在していることに気づかされるのです。

今は信じられないかもしれませんが、まず信じきって本気で唱えて続けてゆけば分かります。

「ありがとう」は、その気づきのポジションにお引っ越しをするための言葉なのです。マイナス地点だと思っていたところが、そのまんまプラス地点であった。マイナス地点からプラス地点にお引っ越しをするための乗り物が「ありがとうございます」ともいえるでしょう。

私たちの住んでいる世界では、お引っ越しというと今とは違う場所に行くことを指しますが、「ありがとう」の世界では場所はそのままです。マイナス地点のまま、タイムトンネルをくぐるように「ありがとう」という乗り物に乗って、プラスの地点にたどり着くことなのです。元の場所のままなのに、不思議なことにそこが天国であったということになるのです。

「ありがとうございます」の唱え方

「ありがとうございます」をくり返し唱えてみましょう。必ず「ありがとう」ではなく、「ありがとうございます」と唱えます。すると言葉の持つパワーも質も格段に大きくなります。「ありがとう。ありがとう。ありがとうございます」でも結構です。

声に出してもかまいませんが、基本は口に出さず、心の中で唱えます。すると心の奥深くにありがとうパワーが浸透してゆきます。歩きながらでも、掃除中でも、通勤途中でもかまいません。特に効果的なのは入眠時です。入眠時には1分間でもいいので、目を閉じて集中しながら「ありがとうございます」を唱えてください。するととても質のよい深い眠りになり、寝ている間心に「ありがとうございます」が響き渡り、目覚めもとても良くなります。不眠症が改善した人もいらっしゃいます。

100回で2～3分、1000回で15～20分程度で唱えられます。2000回、3000回と、回数をどんどんふやしていきましょう。回数がふえるほど、人生は音を立てて大きく変わっていきます。

「ありがとうございます」を唱えるとき、大事な人や苦手な人を思い浮かべたり、「○○さん、ありがとうございます」と、名前を入れたりして唱えてもかまいません。相手とのいい関係が期待できます。

また、「家族が幸福に暮らしています。ありがとうございます」など、自分がこうなったらいいなという願望のかなった様子を言葉にするのもいいでしょう。

ただし、「苦手(嫌い)でなくなりました」「経済苦から抜け出せました」「病気が治りました」など、「苦手」「経済苦」「病気」などマイナスイメージを含む言葉は、「ありがとうございます」といっしょに遣《つか》ってはいけません。もちろん、感謝法を始めたら、普段からマイナス言葉は使用禁止としてください。

また、「ありがとうございました」は悪い言葉ではありませんが、過去形はいいパワーをそこで止めてしまいます。「ありがとうございます」でなければいけません。

「ありがとうございます」を唱え始めても、心からの感謝はなかなか難しいかもしれません。でも、だいじょうぶ。感謝行の入門コースである感謝法では、心を込めなくてもＯＫです。まず重要なことは、始めることです。

くり返し真剣に続けていくと、いつしか心からの感謝がわき上がってきます。

何より大切なことは、信じて唱えることです。「言葉通り、つまり信じた通りになる」という宇宙絶対法則があるからです。半信半疑では効果は半減、またはなくなってしまいます。どうしても半信半疑に陥る場合は、無我夢中で唱えましょう。そうすれば「疑い」の思いが、交わらず唱えることができます。

感謝すべき対象にこそ唱えよう

自分の短所やコンプレックス、病気などを克服しようと思って、「ありがとう」を唱える人は多いものです。しかし、感謝していることやいいところに、「ありがとう」をいう人は、意外に少ないものです。

「私は今、病気なの」という人はいても、「私は今日、健康なんだ」とはいいません。健康な自分は、当たり前すぎて意識していないのです。

しかし、これからは自分のいいところにも、「ありがとう」をたくさん唱えましょう。心臓や胃が動いているのも、呼吸しているのも、何一つ自分でがんばって行っていることではありません。それなのに呼吸できていることに、感謝するのです。それは、とても大切なことで、幸せな人生への具体的で効果的な第一歩となります。

自分のいいところに感謝した、次のようなすばらしい体験例があります。

私の友人の有里《ゆり》さんは、母親に感謝法を伝えました。母親はひざの変形による数十年来の強い痛みで、歩けないで困っていたということです。

それから、有里さんの母親は熱心に「ありがとう」を唱えました。すると、ひざの痛みがわずか1週間で消えてしまったというのです。

「どんなにがんばって『ありがとう』を唱えても、数十年もかかってできたお母さんのひざの痛みが消えるには1年はかかるだろうな」と、彼女は思っていたそうです。そのため、痛みがなくなり歩いている母親を見て、心底、驚いたと話していました。

「いったい何が起きたの？　どんなふうに唱えたの？」と母親にたずねると、次のように答えたということです。

「ひざがあまりに痛いので、その痛みをまぎらわせようと、夢中で一日2～3万回は唱えていたかな？『ありがとう』を唱えていたら、ちゃんと動くところがだんだん無性にありがたく感じ始めたの。そこで、ちゃんと動いている手や目や心臓や胃に『ありがとう』を唱えていたんだよ。

そうしたら、3日目から涙がボロボロ止まらなくなったの。今までの生き方が間違っていたことがわかったの。悪いところに文句ばかりいって、いいところには感謝もせずに知らんぷりをしてきたんだよね。感謝すべきことがたくさんあるのに、それがわからなかった。ありがたいことには、ただの1回も感謝していなかった。それがよくわかったんだよ。

すると、1週間くらいしたときに、ひざの痛みがすっかりなくなり、歩けるようになったの」

——これは見事な意識の転換です。意識が変わると、言葉が変わります。すべての現象は、その人の遣った言葉の現れなのです。遣う言葉が変われば心が変化し、心が変われば現象も必ず変わります。この法則の外で生きている人は一人もいません。例外のない法則、つまり真理なのです。

また、マイナスの現象は、自分の遣った言葉がマイナスに偏っているのを知る手助けであり、自分の心の間違っているところを気づかせてもくれるものなのです。

「ありがとう」を唱えていると、「いいことも、嫌なことも、今あるものをあるがままに受け入れ、とても心が安らいでいる状態になってきます。

まず、うれしいことや感謝すべきことに、「ありがとう」を唱えてみましょう。

回数は励みになる

やり始めは回数作戦で、とにかくたくさん「ありがとう」を唱えることが重要です。回数を数えるのが面倒だという人は、時間を区切って唱えてもいいでしょう。

最初だけ、１分間で自分が何回唱えられるかをカウントします。１分間で30回の人ならば１時間で１８００回、１分間で50回の人ならば１時間で

3000回になります。

そして、たとえば1時間という時間を決め、「ありがとう」を唱えるのです。早口で唱える人、ゆっくり唱える人、何かやりながら唱える人では、同じ1時間でも唱えた回数は違ってきますが、それぞれのペースが大切です。あなたのペースでOKです。

多くの人が「ありがとう」を唱えることで、病気が改善し元気になるという現実を、私は目の前でたびたび目撃しています。しかし、もちろん中には治らない人もいます。その治らない人というのは、「ありがとう」を何百回かは唱えるのですが、その何倍もマイナスの表現をしてしまっている人です。

言葉は、人生の設計図です。どんな言葉を遣うかによって、その人の人生が決定される、これは宇宙の絶対法則です。マイナスの言葉を遣っている限り、人生はうまくいくことはありません。

「痛い、痛い。あの医者ヤブやなあ」「胃潰瘍《いかいよう》ってほんと苦しい」「ありがとうを唱えているのに治らない」と、無意識にマイナス言葉をつぶやいています。文句ばかりいっている人は、自分が無意識に遣っているマイナス言葉により、言葉通りのマイナスエネルギーを蓄積していることにまったく気づかないのです。

このような人には、ご指導する私たち笑顔セラピストから「ありがとう」を一日5000回とか1万回という目標をお伝えします。すると、目標どおり唱えることに全力を遣い切り、時間を遣うので、マイナスを考える時間がどんどんへります。普段からくせになっているマイナスの思考を一旦停止することになります。

特に1万回というと、時間にすれば約3時間です。そのため、マイナスのことを考えてる時間がない。もう、「もっともっと『ありがとう』を唱えなくちゃ！」という感じです。こうなると、悩む時間がなくなり、マイナス用語が自然とへって、「ありがとう」のエネルギーがどんどんプールされていきます。

そして、自分でつかんでいるマイナスを思わず手放してしまい、プラス地点にお引越しできるのです。だから、「ありがとう」の入門時は、回数作戦を動機づけにするほうがうまくいきます。

それを、「ぼちぼちやろか。一日10回ずつ、毎日毎日根気よく」「英会話を勉強するみたいに、一日に3語ずつでも」というのではまったくお話になりません。英会話だったらいいのでしょうが、「ありがとう」の場合は、一日100回ずつ唱えても、マイナス言葉を1000くらい遣っていれば、その効果は現れません。だから、一気呵成《いっきかせい》にやることが大事なのです。

しかし、「一気呵成にやりましょう」といっても説得力を持ちません。そのため、具体的に「1万回やりませんか?」とか、「5000回やりましょう」というわけです。

しかし、まだそんな悟りの心境には到達していない人がほとんどです。まだまだ自分の人生を好都合にするために「ありがとう」を利用しています。

だから、とりあえずは「ありがとう」をたくさんの回数唱える作戦が有効なのです。

素敵な笑顔になる方法

幸運を呼び寄せるためには、「ありがとう」をくり返し唱えるほかに、ぜひ行ってほしい方法が2つあります。一番は「プラスの言葉を使うこと」で二番は、「笑顔」です。

笑顔の役割は、言葉のエネルギーと相乗効果をもたらし、自分に大きく勢いのあるプラスエネルギーをもたらします。

人間は、大自然の生命エネルギーでできています。大きなプラスエネルギーなのです。

しかし、イライラしたり、ストレスをためたり、落胆したりすると、マイナスエネルギーを生み出して、そこにはまってしまうことも多々あります。

そんな状態のときにも笑顔で、自分のエネルギーをプラスに変えることができます。

笑顔でプラスエネルギーをこんこんとわき出させ、自分を満たし、自分の周りにも影響を及ぼすことができるのです。

そして、言葉によって設計をして、自分の内なるエネルギーをその設計図に合わせて形や現象に変換していったものが運命となり、人生を構成していきます。

笑顔を作ると、幸福へのスイッチがオンになります。ほおの筋肉が上がり、ほおの中央にあるツボが刺激を受けると、楽しい時と同じく脳前方の左半球が活性化します。意図的に作った笑顔でも、ゆっくりではあるけど楽しく幸せなときと同じ脳の状態になるのです。

さらに、ほおの骨の辺りの筋肉が上がったとき、目じりに笑いジワができます。この笑いジワのできる辺りにもツボは集中しており、笑いジワができることによって刺激を受けると、やはり脳波を楽しく幸せな気分のときと同じ状態へ導くのです。

つまり、笑顔で脳波を変えられるのです。脳波がアルファー波のときには、脳内モルヒネであるベータエンドルフィンやドーパミン、コルチロトロピンなどのホルモンが出てきて、とろけるような心地よい気分になります。また、自分の内なる能力がどんどん発揮され、仕事が能率よく進み、ひらめきや直観が生まれ、創造力が出てきて個性や感性が発揮されるのです。

また、幸せな気分になるばかりではなく、笑顔は健康にもとてもいいのです。笑顔になるとほっぺの筋肉が上がり、その下にあるツボが刺激を受けると、脳波はアルファ波になります。すると、自律神経のバランスが整えられ、病気に対する抵抗力である免疫力《めんえきりょく》が上がるのです。

自律神経のバランスがよくなると、胃も、腸も、心臓も、肝臓も、呼吸も、血圧も、血糖値も、内臓も、すべては自律神経がコントロールしているので、健康になるのです。

悪いウイルスが侵入したり、ガンが発生したりしても、免疫力が高いとウイルスやガンをやっつけてくれ、病気になりません。

しかし、いつも笑顔でいることは難しいものです。心からの笑顔が難しいときには、作り笑顔でオーケーな訳です。作った笑顔でも、心からの笑顔と同じ効果があります。

笑顔は、表情筋《ひょうじょうきん》を効果的に動かすことによってうまく作ることができます。ここで、2つの笑顔体操をお教えしましょう(29～30ページのイラストを参照)。

この体操を毎日やっていると、いつでも効果的に表情筋を動かせるようになります。マイナス思考の人は、ほおの筋肉が硬直しているので、毎日、笑顔体操をして表情筋をやわらげましょう。そして、笑顔になるコツを会得してください。

笑顔体操1

口の端から耳までほおに斜めについている大頬骨筋《だいきょうこつきん》という筋肉を、耳の方向に引き上げます。ほおを上げる、戻すをくり返しましょう。その結果、つられて口角《こうかく》(口の両端)が引き上がり、戻ります。鏡で見ると、口の形がU字型になるように体操します。

笑顔体操2

目の周りにある眼輪筋《がんりんきん》という筋肉を動かすために、ほおの上部を持ち上げましょう。ウインクするときと同じ筋肉の動きです。

左右それぞれの目でウインクの練習をして、次に両目で練習します。

ただし、目を完全に閉じては笑顔になりません。目を細く開けておきましょう。

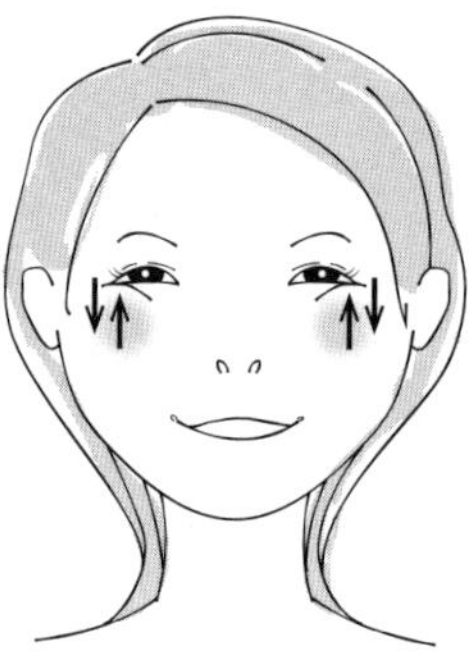

それぞれの体操を一日2分間行えば、素敵な笑顔ができるようになります。すると、気持ちをプラスに切り換えることが、うまくできるようになります。

好転反応はビッグチャンス

「ありがとう」を唱え始めたばかりのときには、まずいことがどんどん起きてくるケースが多いです。しかし、人生を根底からプラスに変えるには、今の人生における価値観やライフスタイル、暮らし方をいったんキャンセルする必要があります。

たとえば、家のリフォームや建て増しで部屋がふえたり、便利になったり、きれいになったりするのはとても楽しいことです。でも、すっかりライフスタイルを変えたいときや、地震にもびくともしない強い家にしたいときには、リフォームではとても間に合いません。建て替える必要があります。木造から鉄筋コンクリート製に、文化住宅から一戸建てのウッディハウスにするなど一から建築工事をしなくてはなりません。

そのためには、今の家を全部壊す必要があります。このように人生を根っこから変えるには、これまでの人生を全部壊すような大きな変化が必要になることが多いのです。

たとえば、仕事をがんばればがんばるほど、リストラにあったりします。こうした場合には、今の仕事がその人の天命を遠ざけていたことが原因です。

また、人間関係では、仲よくしていた相手から、突然、冷たく突き放されたり、理不尽なことをいわれたり、突然去っていかれたりすることもあります。

こうした場合には、相手との関係を冷静によく考えてみてください。相手に依存や執着をしていたり、建設的でない関係でつるんでいたりすることに気がつくはずです。このような人間関係を断ち切ることで、自由で自立し、個性的なすてきな人生を歩めるようになるのです。

人によっては、小さな事故が起こるケースもあります。しかし、怖がる必要はありません。事故が起きたときには慌てますが、ケガをして人生を台無しにするようなことは決してありません。大抵誰もケガ人はなく車や物が傷つく程度です。

この事故は、つかんでいたマイナスを手放すための気づきをもたらすものです。また、マイナスそのものが消えていく姿です。心が軽くなり価値観が変わり運が一気に好転するきっかけになります

このようにお話ししていると、好転反応《こうてんはんのう》(状況がよくなる前に一時的に悪化すること)を怖がる人がいます。しかし、怖がることはありません。

自分の奥深くにくすぶっているマイナスが人生に充満し、ヘビの生殺しのごとく一生涯ツキのない苦しい生活を送りたいですか？　好転反応によって一気にマイナスを放出して運気を上げ、明るいプラスの人生、運のついた人生を歩みたいですか？

当然、後者ですよね。いざその場になると、不安や恐れに取り込まれ好転反応を恐れる方もいるので、気をつけましょう。

また、いくら好転反応が起こっても、その時古い家、古い自分にしがみついていると人生は変わりません。古い家の取り壊し途中で工事は中止になって、結局、その土地には新しい家は建ちません。

真剣に「ありがとう」を唱え始めたときによくないことが起きても、ひるまないでください。好転反応だと思って、自分を冷静に振り返り、手放すべきものはいさぎよく手放しましょう。

すると、今までの人生とは比較にならない大きくランクアップしたすてきな人生、つまり光輝く希望の人生を「ありがとう」の神様はあなたに与えてくださるのです。もちろん、その人生をどんなふうに生きるのかは、あなたの自由意志に任されています。必ず楽しい充実した人生が、あなたを待ち受けています。「ありがとう」を信じきって実践することが大切です。

何も変わらないのはなぜ?

「ありがとう」を唱え始めた人の中には、これまでと何一つ変わらないという人がいます。何千回唱えようが、まったく変わらないというのです。

そういう人は、たいてい駆け引き的計算をしています。「ありがとう」を○回唱えたから、「これが変わるのか?」「あれを消してもらえるのか?」と、変わったかどうかを唱えるごとにチェックします。

商店街のスタンプカードなら、「何点ためたからプレゼントを一つもらえる」と決まっていますが、「ありがとう」に報酬契約はありません。

「何も変わらない」といっていたある人は、「ありがとう」を一日に3000回唱えていたそうです。「ありがとう」を1回唱えるたびに、心の中で「これで家族仲がよくなる。病気も治してもらわなくちゃ」といわば計算をしていました。つまり、「ありがとう」を唱えるほどに〝計算心〟というマイナスエネルギーを心からあふれさせ、ありがとうパワーを押し流していたのです。

計算心は、小さな得を追っかけ、大きな損をする考え方です。悟っていない限り、損得計算、つまり我欲はゼロになりませんが、できるだけとらわれないように注意しましょう。

でも、「ありがとう」があれば、だいじょうぶ。「ありがとう」は、こだわりや計算を消していく言霊《ことだま》なのです。

「『ありがとう』を数千回唱えていても、一向に変化がありません。いったいどういうこと？」と、私に詰め寄る人もいます。こういう人は、依存心が強く、自分の好都合な状態を求めることだけを目的として、「ありがとう」を唱えます。

そして、唱えるごとに「まだ変わっていない」「まだ消えていない」と心の中でいってしまうのです。人生は自分が遣った言葉通りになるのがルールです。こうぼやく人はこのルールに当てはまり、「変わっていない」というから「変わらない」のです。まさに、言葉通りなのです。その言葉が問題なのです。

「ありがとう」を唱える前に、「私はいったいどうやったら幸せになれるんですか？　笑顔セラピーに通ったら本当に幸せになれるんですか？」と私に向かって自分の問題を突き付けてくる人も同じです。

心の中で、「なれなかったら、受講料を損する」「なれないかもしれない」、つまり、「損をする」とか「なれない」「無理」というのが、このような人のキーワードとなっているのです。

すぐに変わる人は、自分を成長させよう、笑顔や感謝のできる自分になりたいという目的を持って、形からの「ありがとう」を熱心に唱えます。こういう人のキーワードは、「なりたい」「なれる」「なるぞ！」「幸せ」「笑顔」「感謝」などです。すると、言葉通り、笑顔体操と感謝法に熱心になり、波動《はどう》が上がり、その波動に合ういいことがたくさん起きてきて、心からの笑顔と感謝がわきあがるのです。

実は、すべての物、出来事、感情や言葉は、特有のエネルギーを持っていて、それは音波や電磁波と同様に波動なのです。自分の波動と同じ波動の人や物、出来事や会社としか出会わないというのは、波動同調の法則であり宇宙の絶対法則です。

また、「ありがとう」でいいことが起こっているのに、そのいいことがまったく見えない人もいます。

笑顔セラピーの受講生さんでも、「私は何も変わらなかった」と暗い声と表情でいう人に、「本当に何も変わっていませんか？」と、私は周囲の変化について質問します。

先日も、笑顔セラピーでこんなことがありました。やはり、あまり変化していないという女性に、質問をしました。

野坂「気にしておられた職場の人間関係はどうなりました？」

女性「ああ、あれは改善しました。とてもよい関係になりました」

野坂「痛かった腰はどうですか？」

女性「ああ、それももうよほどでないと痛みません」

　質問をいくつかしてみると、ほとんどのことがすばらしく改善されているのです。

野坂「たくさんのことがよくなっているではありませんか？」

女性「いわれてみればそんな感じですね……」

　この方は、実はご主人の浮気ぐせを直したいというのが、受講された切実な動機だったので「肝心の夫の浮気ぐせがまだ直っていない」というのが不満なのです。

　そのほかの部分が大きく変わっているのに、当人はそこに気持ちがいかず、ご主人の浮気が直っていないから効果がないといい張るのです。

　つまり、ご主人の浮気のことにしか気持ちが向いていず、とても強く執着している状態です。一人地獄という真っ黒な穴蔵にはまっていき、出口を探してもがいている状態です。もがけばもがくほどより強く執着し、抜けられなくなるという悪循環が起きるのです。

これが、「マイナスを握り込んでいる」という状態です。客観的に他人から見ると、「手放せば楽になるのに」とすぐにわかるのですが、執着心という強力な地獄エネルギーにとり込まれている間は、なかなか手放すことができません。自分で自分を縛って苦しむのです。

実は、ほとんどマイナスの元凶は、この執着心と虚栄心にあります。しかし、生身の人間が、この執着心と虚栄心を手放して悟り、幸せになるのは、とても難しいのです。

そして、マイナスを握りしめている人に限って、「ありがとう」による早急な結果、大きな報酬を求めることが多いようです。しかし、「ありがとう」の強力な光は(エネルギーは実は光なのです)、この強い執着さえ溶かし、プラスに変える力が実はあります。

「ありがとう」によって人生の根っこや幹が変化し始めようと動き出している

のに、枝葉にばかりこだわって、大きなチャンスをみすみす逃しているのです。強くマイナスをつかんでいると、「ありがとう」の神様は、決して本人の自由意志を無理に手放させようとはされません。自分の意思でマイナスを強くつかんでいるところには、「ありがとう」の光が届かないのです。つまり、マイナスをつかんで「これはマイナスだ」と思えるわけですから、思った通り言葉通りマイナスのままなのです。だからこの方も、ほかは変わったのに、ご主人の浮気はそのままだったわけです。

こういうときこそ、ありがとうを無心に唱えましょう。そして、プラスを見つめ、言葉にするのです。それが幸せになるためのポイントであり、トレーニングです。

もう一つ、注意をしてほしいことがあります。「ありがとう」を唱えてもうまくいかない人のもう一つのタイプは、とてもまじめな性格の人たちです。

まじめな人の中には、「まだ、唱える回数が少ない。まだだめ、もっとがんばらなくちゃだめだ」と、自分を責めるタイプがいます。すると言葉通りダメなままです。これも執着であり、強い「我」です。

このままでは、人生の枝葉は変わっても、根は変わりません。運命も変わらないのです。

こうした人は、1回でも「ありがとう」を唱えさせていただいたことに感謝し、1回ずつ唱える回数をふやしていきましょう。それでいいのです。

私は、長年、笑顔セラピーで「ありがとう」の唱え方をお教えしてきました。そのため、「ありがとう」によって、人生が変わる方々をだれよりも多く目にしています。

最終講のころになると、たくさんの方が、参加される前と大きく違うプラスの人生を歩み出しておられます。我欲を手放された受講者のみなさんは、目が輝き、背中が伸び、堂々として、あごを引いてしっかり前を向いて自分の人生を引き受けるように成長されるのです。その尊いお姿を拝見するのが、私の幸せです。

なぜ、これほどまでに運命が変わるのでしょうか？

「ありがとうございます」は、究極の「我」を手放す力のある言葉なのです。「我」という自分の好都合を求める小さな計算、計らいであり、その範ちゅうで暮らしている間は、決して本物の幸せにはなれないし、「我」があると、「ありがとう」はその部分には働きかけることができません。幸せになることの本当の意味は、「我」から離れて「ありがとう」の神様にお任せで生きることです。

もちろん、この神様というのは、決して一宗一派の宗教の教祖ではありません。宇宙を宇宙として現している法則であり「絶対愛」のことです。大自然の摂理であり、大自然を存在させているエネルギーのことです。

宇宙を作り出し、統一している存在で、それは「か」と「み」という言霊で現せるのです。だから「神への道」であり、それを「道《タオ》」といいます。つまり「神道」です。

お守りなどを売っているどこかの神社の宗教のことをいっているのではありません。神道では、山や海、風、花、大自然のすべてが神であると考えます。

つまり、宇宙の摂理そのものですから、神道には教義はありません。「宗教」は「宗派」があり、「教」つまり「教え」があるのです。

だから、宗教と神道は別のものです。宗教とは、宇宙の心理を悟られた方であるブッダやキリストなどが、真理を指されたその指の方向である「道《タオ》」に従って進む生き方を、多くの場合、お弟子さんたちが「教義」としてまとめ、それを教え広めたものです。

本当に不思議なことですが、「ありがとうございます」は「教え」ではなく、その「道《タオ》」そのものであり、その先を言霊として宿している言葉なのです。

「道《タオ》」＝「ありがとうございます」なのです。

本当にすばらしく感動します。そんな世界に類のない言霊「ありがとうございます」が、日本に降りてきているのは驚きです。

私のこの言葉を信じて、「ありがとう」をくり返し唱えてください。そうすれば、人生は幹から変化し、気づけば大輪の花を咲かせているはずです。

第2章

運命はプラスの言葉で開く

運命と宿命は違う

人間だけに「運命」があります。命を運ぶという力を授かっています。動物たちは「宿命」しかありません。

運命と宿命は、同じようなものだと思うかもしれませんが、まったく違うものです。運命とは、その字のごとく命を運ぶことです。しかし、宿命とは、その命に生まれた時すでに宿っている「本能」と設計図の通りに生きているということです。自分の命を運ぶことを自覚し、命の運び方次第で自分の人生を意図的に、自由に変えられるのは人間だけなのです。

人間以外の動物は宿命だけしかありませんが、人間にだけ、自由に人生を変えるために与えられた道具が、3つあります。それは、「笑顔」、呼吸を変えることすなわち「呼吸法」、そして言葉です。この3つの道具は、ほかの動物は持っていません。

まず、笑う動物はいません。笑顔になると波動が上がり、運命が良くなるのです。

呼吸はほかの動物たちもしていますけれど、呼吸を自覚的にコントロールすることはできません。人間だけは、息を吐いて、吸って、というふうに腹式呼吸や丹田《たんでん》呼吸法という形で自分の呼吸をコントロールすることができるのです。

また、人間は自分で考え、どういう生き方をすべきか、自分の生き方を自由に選べるのです。あるいは、どんな人生にしたいかを自分で決め、意図的に意欲的にゲットすることができます。その道具として、言葉があります。

言葉で運命を開く

いろんな物事を考えるときに、あるいは人生をいかに生きるべきか考えるとき、人間は必ず言葉を遣って考えています。声にこそ出しませんが、無意識に言葉を遣い、心の中でいろんなことを考えているのです。

「人生はご縁が大事」「やっぱり人に親切にすべきだわ」「いや、やっぱりお金が必要」「うまくやり抜かなきゃ」などの、言葉を遣わずに、自分の人生の有り様を考えることなど、できません。

私は、セミナー中によくこんな実験をします。

「自分の人生を考えてみてください」というのでは、テーマが大きすぎて1～2分では考えられません。なのでとりあえず、「自分の人生の一部である今日の晩ごはんのことを考えてみましょう」といいます。

「さて、家族を大事にするために、家に帰ってビールを一杯飲みながら妻の手料理を食べるか」と考える人もいるでしょう。「居酒屋に行ってわーっとやるか」「外食は体に悪いなあ。ダイエットをしたいから家に帰って自炊しよう」「天丼を食べよう」「カレーライスを食べよう」「おでんにしよう」などなど……。

このようにすべて、言葉を遣って思考しています。「お・で・ん」という言葉を遣わずにおでんに決めることは不可能です。もちろん、言葉は遣わず、おでんのイメージ、おでんのネタを一つずつ描いて「おでんを食べよう」と考えることは可能です。ただし、これは集中力がないとなかなか難しいのです。言葉ならずっと簡単に、かつ素早くできます。

言葉を遣わずに、「ダイエットをしたいから家に帰って自炊しよう」などと複雑なことを考えるのは、ほとんど不可能です。「自炊」「ダイエット」という言葉を使用するから、今晩の食事行動を決めることができるのです。

人間以外の野生の動物たちには食文化はありません。また、ダイエットをしているゾウなどいません。ライオンが、シカを狩って、生肉ばかりでは飽きたから焼いてマスタードをつけて食べようとか、肉の調理法について腕組みをしながら考えている姿とかを見たことはありません。ゾウも、ライオンも、環境から与えられたものを本能で無意識に食べているだけで、選び取ることはできません。

人間には食文化があり、本来、身の周りにない食品までも取り寄せて食べたりもしています。熱帯産の果樹であるグァバのジュースを飲んだり、韓国産のキムチを食べたり、フランス産のトリュフを食べたり自由にできるのも、人間が言葉を遣うことができるからです。

これは、実は人生にも当てはまります。晩ごはんのイメージを言葉によって描くことができるように、すべての人生を言葉とイメージの組み合わせによって描くことができるのです。

集中して、自分の夢や目標の細かいところまでイメージするトレーニングを、「イメージトレーニング」といいます。しかし、このトレーニングはけっこう難しく、みながどんな夢をも簡単に明確なイメージを描くことは難しいですね。自分に自信のない人は、成功しているイメージを作ろうとした瞬間、昨日の失敗を思い出してしまい、かえって逆効果になる場合もあります。

言葉には言霊があるので、普段からいい言葉をたくさん遣っていると、いいイメージも湧くようになるのです。言葉は人生をつくっている設計図そのものなのです。

人生は、まず自分の遣う言葉から始まるのです。どんな言葉を遣うかによって、その人の人生が決定されます。言葉を変えれば、自分の思いや考えが変わり、結果、人生は必ず変わります。例外はありません。自分の思いや現実を言葉にすると、その思いや現実は変わることなく、繰り返し現れます。

「でも、私はマイナス思考なのでだめだわ。つい悪い言葉を遣ってしまうの」と思っている方でも、だいじょうぶ。「ありがとう」とたくさん唱えると、口をついて出る言葉が自然とプラスに置き換わっていきます。安心して唱えてください。

ただし、第1章でお話ししたような、ご主人の浮気をつかんでしまっているような方の場合には、マイナスに強くとらわれ、固定観念で自己限定をしてしまっています。このような方は、「ありがとう」を唱えても、その部分だけはマイナス用語が出てしまいます。

「ありがとう」を唱え、日常は徹底してプラスの言葉を遣いましょう。変わり初めは、この徹底が大切です。たったそれだけのことで、あなたの人生が大きな幸せに満たされていきます。

自分の遣う言葉をきちんとコントロールして、プラスの言葉を選び取り、プラスの言葉で思い考えれば、おもしろいように人生はうまくいきます。

なりたい自分になれる

私の主宰する笑顔セラピーは、「なりたい自分になれるスピリチュアルセラピー」という副題をつけています。この副題を見て、「今の自分は嫌だから、違う自分になりたい」とか、「Aさんのような明るい自分になりたいから」とかといった目的で、受講される方がいます。

しかし、自分の本質を変えてはいけません。自分は変えられません。その自分のままだから、あなたは幸せになれるのです。幸せになれば、気持ちも明るくなります

自分の過去をよく見てください。きっとその自分のおかげで、プラスだった思い出があることでしょう。

自分の個性という本質は変える必要もないし、変えられません。個性を変えるのではなくて、自分の運命、つまり命の運び方を変える必要があるのです。命の運び方を変えるには、根底となる価値観を変える必要があるのです。

立派な木になって、大きな花や実をゲットすることが幸せになることだと思い、花や実を追いかけます。しかし、本当は自分の根っこを伸ばすことが重要なのです。上へ上へと伸びることが大事なんだ、勝ち組になるんだと思い込んでいた人は、今こそ、下へ下へと根を伸ばしていきましょう。時代は大きく変わり、根の張っていない木はあっという間に枯れてしまうのです。

「ありがとう」を唱え、笑顔を作り、言葉をプラスにしましょう。そうすれば、根が伸びて今のままのあなたのいちばんあなたらしい花や実がなり、枝や葉が豊かに茂るのです。

自分を変えるということは、今の自分をゴミ箱に捨て、新しい自分をゲットすることではありません。

スミレはスミレだからこそ、可憐ですてきなのです。タンポポは黄色の花で綿毛のような種が見事です。タンポポが「雑草は嫌、花屋で高く売れるバラがいい」といって、真っ赤なお化粧を始めたら、美しいでしょうか。スミレが、高い値段のランの花の真似をして突っ張って生きたらどうでしょうか。

花たちは比べないし、うらやまない、ユリはユリ、サクラはサクラのまま淡々と生きています。天命を生きているのです。

今のままの自分です。根っこ、つまり生き方を変えるということです。すると見事なバラやスミレ、サクラが咲き、種が実るのです。そのことが、あなたがあなたらしく幸せになる道です。

私自身のことでいえば、私は今でも内向型の性格です。だからこそ、人の心の内面に強い興味を抱き、人の心の奥に存在するものを見据えることができるのです。

私自身、36歳で離婚するまでは、この内向型の性格とマイナス思考、そして頑固で気の強い性格のせいでずいぶん苦しい思いをしてきました。しかし、この性格のおかげで、他人の心の深い部分がわかるようになり、また頑固で気が強いから妥協せずにがんばれ、笑顔セラピーを成功させることができたのだと思います。

自分を受け入れ、自信を持てるようになったから、私の個性がプラスに発揮できるようになり、人の心の内側を深く探れるようになったのです。この性格のおかげで、カウンセリングを通して人に役立てるようになったのです。

もし、私が内向的な性格を嫌って、外向的な性格に変わろうと努力していたとします。活発な友人のまねをし、海外旅行やおしゃれをし、社交界などで活躍している友人をうらやみ、仕事を大きく繁栄させることに躍起になっていたりしたら、それこそ今の笑顔セラピーは存在しません。悩んでいる人たちの心の有り様など、まったくわからない人間になっていたと思います。私は言葉をプラスにし笑顔をつくって感謝行を実践して運命を変えたのです。

自分以外の自分になろうとがんばってもうまくいかないし、とてもストレスがたまっていたことだと思います。タンポポがバラを目指しているのです。どんな花もすてきです。あなたは、スミレ、ナズナ、カサブランカですか。その自分の個性を、「ありがとう」で生かし、天命を生きましょう。

そうすれば、大調和のエネルギーで根っこが伸びます。すると、あなたのままが周りの人々を幸福にします。そのとき、本当の幸せで、あなたは満たされるのです。

心の奥にあるマイナスを消すと元気になる

人生において、病気や事故、トラブル、人間関係のもつれなど、さまざまなマイナスを回避することはできません。生きている以上、マイナスのない人生はないのです（本当はマイナスではありませんが）。

マイナスの出来事は、自分の心の中にたまったマイナスのエネルギーの現れとしておきます。

自分の心の中は、自分自身でよくわかっているようで、実はほとんどわかっていないのです。人は心の中の全てをはっきりと見て自覚すると、とても苦しかったり、つらかったり、涙がにじみ出るぐらい痛かったりするので、心の奥のマイナスをふだんは無意識になるべく見ないようにしているのです。

自分で心のマイナスに気づきかけたら、慌てて、心の奥に押し込んで見えないようにしてしまいます。押し込むだけでは、また見えそうになってつらいので、ツボの中に入れてふたをして、ふたが外れないようガムテープを巻き、何重にもふろ敷で包んで、心の中の押し入れの奥まで押し込んでいるのです。この、心の中の押し入れのことを「潜在意識」といいます。

いくら心の押し入れの奥にまで押し込めようと、ツボの中にあるマイナスエネルギーは、当然、なくなることはありません。むしろ、ツボの中で発酵状態になって、そのくさいにおいだけがぷーんと漂ってきます。そのにおいが、漠然とした不安、おそれ、焦り、嫉妬、怒り、生き苦しさとして感じるのです。

そういう感情はつらいので、ますますその不安をなくそうと焦ります。心の奥の根本的なマイナスと現実的ないろいろな不都合とを混同し、資格を取ってこの不都合を回避すべきだとか、もっと話し方が上手になったらこの不都合が解消できるはずとか、お金さえあれば逃がれられるのではないかなどと、心の不安を生活の不安に置き換えて勘違いするのです。つまり、幸福ではなく、ますます好都合を求めてひた走ってしまいます。

しかし、何度もいうように、それでツボの中にあるマイナスエネルギーがなくなることはありません。好都合に走ることは、ますますそのツボの中の中のマイナスをふやすような行為です。日常生活の中でマイナスの言葉やマイナスのエネルギーを取り込んでしまうからです。

そして、ある日、ツボはとうとう爆発します。ふたが外れ、マイナスエネルギーが自分の人生にふき出します。それが、心や身体の病気であったり、トラブルであったり、事故であったりするのです。

マイナスエネルギーのツボは人生の大きなおもりです。このツボを持っている以上、どんなに努力しても、人生は浮上せず沈んでしまいます。いつまでたってもつらい人生なのです。運命が悪いわけです。

出会いが悪かったり、運が悪かったりする人は、ツボの中に充満するマイナスエネルギーで、同調する波動がマイナスを呼び寄せているのです。偶然に見えて、実はそのくさいにおいにぴったり合った人や物や出来事、職業を引きつけるので、運命はますます悪くなります。

まるで、足につけた大きな鉄の塊《かたまり》を引きずって歩いている囚人のような状態です。人の何倍もの力を出して歩こうとしているのに、いつもうまくいかず、ますます努力してストレスでいっぱいになります。明るい世界には、いつまでたってもたどり着けないのです。

こんなつらい運命を避けるには、心のマイナスに気づくしかありません。でも自分の心の奥のマイナスに気づき向き合うのはとてもつらいし、自分では取れないことが多いです。しかし「ありがとう」に出会えた今、直接マイナスのできごと悩みの原因探しをしなくてもいいのです。感謝法は心の大掃除ですから、すっかり心が晴れて軽やかに生きてゆけるのです。

トラウマがチャンスに変わる

実は、その足につけた鉄の大きな塊であり、マイナスエネルギーであると見えたものの正体は、うれしいことにあなたを天命に結びつけ、幸せの元となってくれるものなのです。きっかけさえあれば、大きなプラスエネルギーに一挙に変換する、そんな性質のものです。

「人生万事塞翁《さいおう》が馬《うま》」とか、「人生はあざなえる縄のごとし」とかのことわざもありますが、その人自身にプラスに変える力があるからこそ、マイナスの出来事に出会っているのです。それから逃げている間だけは、それがマイナスとして働いているのです。

つらい出来事が起き、自分のマイナスエネルギーでいっぱいになったツボがある間は、物事は当然うまくいきません。

心理学では、心の奥に押し込むこと、ツボの中に詰め込むことを「抑圧」といいます。ツボの中身が何なのか、原因が何であるかもわかりませんから、ツボが消えることはありません。

そして、マイナスをツボの中に入れて、ツボの存在に気づいたとき、心理学では「トラウマがある」といいます。トラウマを抱えていると、おもりですから、上昇しないのです。

しかし、マイナスがどんな形であれ、現象化してきたときはチャンスです。目の前にあるマイナスは、自分が幸せに行き着くためのハードルであり、幸せへのパスポートでもあります。

心理学では精神分析とかカウンセリングによって、ツボの中身を検証し、向き会い、乗り越えるというかなりハードで、つらいプロセスをへる必要があります。しかし、感謝法ではその中身が何なのか、どういう心の有り様なのかなどと原因を検証しなくてもいいのです。

そんなときにはこう宣言しましょう。

「これでよかった。ここから気づく、またここから成長すれば、ここからよくなる。ありがとう、ありがとうございます」と。「ありがとう」を特に熱心に唱えましょう。

するとツボの中のマイナスがすっかり消えてかわりに、ありがとうパワーが心に充満するのです。そのためには、一にも、二にも「ありがとう」を唱えることが重要なのです。その効果は絶大です。

運がよくなったとき、マイナスが自分の幸せの原点になっていることに気づきます。意味のないマイナス、マイナスのためのマイナスというのは決して存在しないのです。

プラス思考を身につける

落ち込んでいるときに、「がんばれ！」と声をかけられることほど、つらいものはありません。がんばれないからこそ、落ち込んでいるのです。

これと同じように、マイナス思考の人に、プラス思考になれるよう勧めても難しいのです。

プラス思考を身につけるための本はたくさんあり、またセミナーもたくさんあります。しかし、試してみたけれど、うまくいかなかったり、うまくいかないことでかえって落ち込んだりした人は多いのではないでしょうか。

でも、安心してください。「ありがとう」で、プラス思考になります。正しく実践すれば、間違いなくプラス思考になります。

プラス思考の人は「足し算思考」、マイナス思考の人は「引き算思考」をしています。

足し算思考とは、よいことばかり数え上げること。プラスをどんどん足していき、幸せはふくらむ一方の人です。

引き算思考とは、人と比較したり、過去の自分と比較したりして、ないものばかり数え、これもない、あれもないと引き算して幸せがどんどんへっていくことです。

同じものを見ても、両者はまったく違います。

ボーナスを半分使ったとしましょう。

プラス思考の人は、「まだ半分ある。何に使おうかなあ。貯金でふやすのもいいな。楽しみだなあ！」とうれしく思います。マイナス思考の人は、「もう半分しかない。使いすぎたな！　貯金もできないや。だいたいボーナスもスズメの涙だからなあ。嫌だなあ」とつらい思いになります。

現実は、こんなに単純なものではないと感じる人は多いと思います。現実のほうが、もっとシビアです。プラス思考をしたときと、マイナス思考をしたときでは、あっという間に、本当に天と地ほど人生が変わってきてしまうのです。思った通りのマイナスが現実化するからです。

今、時代の流れがぐんぐん早くなってきているので、思い（言葉）が現実になるのはとても早いのです。ぜひ「ありがとう」で(楽天的)プラス思考にお引越ししましょう。

自己限定の世界を蹴破る

「自分はこの程度」「○○はできない」と決めつければ、それは自己を限定することになります。「自己限定」からは、向上心は生まれません。

私は、生まれつき低血圧の体質です。若いころはそれが悩みで、午前中はほとんど何もできませんでした。「低血圧だから、早朝の仕事や、早朝に人と会う約束はやめよう」と考えて、人生の枠を自ら狭めていました。それは、すなわち自己限定です。

しかし、責任のある仕事をやって楽しくなってくると、「苦手」ということを忘れるようになりました。楽しさ、充実、責任のほうが大きくなっていったのです。そして、気づけば早朝の仕事だろうと、ほとんど気にならなくなって、どんどんこなせるようになっていたのです。

この自己限定は、自分でも気づかぬうちについやってしまうものです。

「ひざが悪いからどこにも外出できない」「私の責任範囲はこれだけだから、ここまでやればいいだろう」「人前で話すのは苦手」「もう年だから」などという可能性の否定は、今いるところに甘んじる自己限定です。

自己限定は、自分からの逃げであり、自己の可能性の否定であり、甘やかしなのです。私は、この自己限定をしているような状況を「ぬるま湯ゾーンにつかっている」といっています。

大昔、「人間は鳥のように空を飛ぶことなどできない」と、だれもが思っていました。遠くにいる人の声は聞くことができないし、姿も見ることができないと、思っていました。

これも、自己限定の一つです。

みんなが同じ考えだから、それは正しいという考え方は間違いです。

「鳥に空が飛べるならば、人間も飛べるはず」と、ライト兄弟は思ったのでしょう。いずれにせよ、本気で「飛べる」と決めて研究開発した結果、飛行機を作ったのです。「飛べないだろうけどやってみるか」という気持ちで成し遂げられるはずがありません。

遠くにいる人の声を聞きたいし、姿も見たいと思い、できると確信した人がいたからこそ、電話が生まれ、テレビが生まれたのです。

私たちは、自己限定を外すと、だれでも例外なく無限の可能性を手に入れることができるのです。

自己限定をしている限り、今いる場所をずっとぐるぐる回っているだけです。「嫌だけれど、私はこの仕事しかできない」と思ってあきらめていたら、その嫌な仕事をずっと続けるはめになります。

「お金がないと生きていけない」という自己限定にはまって、多くの人がお金のために仕方なく仕事をしてストレスをためています。しかし、「人生は楽しむもの」と思っている人は、お金の計算はしていないけれど、きちんと生きていけて幸せに楽しく暮らしています。

自己限定をして作り上げた小さな世界からまずは一歩、踏み出すことです。そうすれば世界は輝き、生きることが幸せになるのです。

そんな小さな世界に閉じこもった自分を気づかせてくれる言葉が、「ありがとう」なのです。

「ありがとう」を無心で、くり返し唱えましょう。そうすれば、小さな世界を蹴破って、無限の光り輝く世界を見せてくれます。

第3章

ツイてる人はギブの精神

あるがままを生きる

幸せと好都合はまったく違います。病気は不都合、健康は好都合、貧困は不都合、お金が多いと好都合、ハードな仕事を任せられると不都合、楽で得意な仕事がくると好都合と思います。しかし、好都合を追い求める利己的な生き方は、結局はとてもストレスがたまり、つらくなります。好むと好まざるとにかかわらず、競争社会に参入しなければいけないからです。

いい学校に入り、いい会社に入り、役職をゲットしなければならないのです。会社同士もシェアを取り合い、もうけを取り合います。結局は、これらのストレスで大きくエネルギーをロスします。

「ありがとう」を唱えていると、神様が自分の人生の見方になってくれます。すると、自然、自然と運がよくなっていくのです。

競争社会で勝ち組を目指して自分が計算しがんばっていると、「ありがとう」

の神様は、「えらいね。賢いね。よくがんばるね。計算も上手だ。あなたは自分でがんばれるね。私は必要なさそうだから引っ込んでいるね」とおっしゃり、力を添えてくださらないのです。

「ありがとう」の神様は、本人の自由意思つまり本人の計算を尊重されるからです。

我意識を出しているとき、つまり自分が計画し、ああでもない、こうでもないと計算を働かせているときは、神様のバックアップのない状態で脳波は論理思考のベータ波になります。直観が湧かず、パワーは出ません。また、疲れがたまっていく状態です。潜在能力は発揮できません。

逆に、アルファー波になったときには、自我意識を出して、ああしよう、こうしようとは考えていません。無我夢中で体が勝手に動き、必要な動きをします。アイディア、直感、ひらめきが湧き上がります。そのときに、あなたの奥に存在する「ありがとう」の神様が出てきてくださって、自分の計算ではなく大きな計らいの中ですべてが調和の方向へ流れていきます。

アルファー波というのは、神様の大きなバックアップがつく脳波です。神様というのが怪《あや》しくて嫌なら、無限に大きな潜在能力が出てくるといい換えることができます。

私は、直感的に潜在能力という心理学的表現だけではない現しがたい存在を、アルファー波のときに感じるのです。自分の人生だけなら不確かな話ですが、多くの受講生の方々が人生を追体験させてもらっていると、不可思議な出来事、現象にたびたび出会うのです。

だからアルファー波は、「神様のバックアップがつく状態」という表現がピッタリなのです。

感謝法のやり始めは、自分の病気が治ったり、人間関係が改善されたり、現世利益的な小さな得をします。たとえば、プラチナチケットが手に入ったり、信号が全部青になったり、クジ運がよくなったり、いろいろなタイミングがよくなったりするのです。

この段階までは、「感謝法」の範ちゅう内です。現世的な利益を求めているからです。

しかし、感謝法でその「ありがとう」の効果をある程度体験したら、その後はただひたすら「ありがとうございます」を唱える「感謝行」を実践しましょう。あるいは、「ありがとう」を唱えるためにごはんをいただき、呼吸をするという生き方です。まるで「ありがとう」という人生の大船に乗っているように生きるのです。そうすれば、あなたは天命を生きることができます。

自分のためだけにやる感謝法から、みんなのための感謝行、また目的をもたず、ただひたすら「ありがとう」を唱える感謝行に転向すると、けた違いの大きなパワーが降り注ぎます。

実は、波動、つまり見えないエネルギーは相乗効果を起こすという法則が働きます。

自分のためだけに唱えても、相乗効果は起きません。しかし感謝行になると、すでに感謝行を熱心に実践している数回百人の笑顔セラピーの仲間は、もちろん日本中の感謝行の実践者の人数の掛算のパワーが、あなたに降り注ぐのです。

そしてすべての実践者にあなたが唱えた「ありがとうございます」のパワーが届き、みんなが一緒に大きく幸せになれるのです。

笑顔セラピーの仲間になっていただくと、さらにしっかり確実に相乗効果がはたらきます。

「ありがとう」を唱えるだけの感謝行の生き方は、とても楽でおまかせの生き方です。あなたはあるがままで、何もがんばらなくてもいいのです。自然に力が湧いてきて、がんばらせていただいたという感じなのです。それなのに、とても幸せで、周囲の人たちの役に立っています。そうしたあるがままの自分を発見し、天命の方向へと自然に導かれていくのが感謝行です。

自分がこうありたいために、仕事で成功したいために、営業成績をよくしたいために、人間関係を改善したいために、感謝法として「ありがとう」を唱え続けていると、願いはかなうかもしれません。

しかし、そのままだと、「ありがとう」中心の生き方から、いつしか競争社会に重心が戻り、いつの間にか不安や怒り、焦り、嫉妬が生まれて心を満たしてしまいます。いろいろうまくいかなくなり、しばらく手放していた「ありがとう」をまた唱えます。

そんなくり返しでは、根本改善にはなりません。「ありがとう」の神様を利用して好都合をゲットしようとする生き方です。

「ありがとうございます」という言葉には、言霊《ことだま》として宇宙エネルギーが宿っていて、ひたすら唱えれば唱えるほど、元気になってパワーが湧き出てきて、必要な自分の能力がどんどん表に現れていきます。自立し、責任の取れる人間になります。

悩みが消えて健康になる

プラスの言葉を遣うことは、とても大事なことです。言葉は意識して遣うことができます。幸運な人生を開くためにプラスの言葉を遣わなければなりません。

しかし、自分では気づかないほど心の奥に深く潜在意識にマイナスがすり込まれていた場合には、どうすればいいのでしょうか。

口では意識してプラス言葉を遣っているにもかかわらず、心の中は無意識にマイナスの言葉やイメージをつかんでいることがあります。

ここで、想像してみてください。人はみんな、心に特殊な手を持っています。その心の手は、自分の最も大事だと思っている物や悩み、願いごとをつかんでいるのです。

不幸を自認する人や、物事がうまく進まないと感じる人は、心の手でマイナスを強く握っています。マイナスの思いを最も大事な物と勘違いして、手放せなくなっているのです。

心の中の思い(＝言葉)が、あなたの現実を作ります。そのため、不幸な人は、握りしめたマイナスが現実を形作ってしまうのです。

この心の手は、強い伸長力のあるゴムでできているのです。一度でも握ったマイナスの思いはなかなか手放すことができず、このゴムの手の握ったマイナスの方向にいつも引っ張られます。

握りしめているマイナスは、人によってさまざまです。

たとえば、「お金がほしい」「いい仕事がほしい」「恋人がほしい」「夫の浮気をやめさせたい」「病気を治したい」などなど。これらの願いは、現実の反転です。

現実は、「お金がない」「いい仕事をしていない」「恋人がいない」「夫が浮気をしている」「病気である」など思い込んでいる、つまり心の手でつかんでいます。

これらのマイナスの言葉を握りしめた結果、願いとは反対のことを現実化していることになります。

マイナスを手放せば、マイナスの現実がストップし、つらい状況からも抜け出せます。しかし、手放せないからこそ、悩みは尽きません。しかも、始末が悪いことに、そんな強いマイナスの思いをつかんでいる手の存在を、自分では自覚できません。

しかし、だいじょうぶ。強力なゴムの手でも、感謝法ではなく、感謝行なら強く握りしめた手を緩めさせてくれます。

しかし、ここからが「ありがとう」で人生を変えられるかどうかの分かれ道です。

手は緩んできた、つまりそのマイナスをあまり気にしなくなったり、ほしかったものに興味が薄れてきたりしたときに、「もうどっちでもいいかな」「手に入ったらうれしいけれど、なくても幸せかも」と思えれば、手の力は緩み、手の力が緩んだところへ「ありがとう」のパワーが手の中のマイナスを消してくれるのです。そしてマイナスをどんどん手放す方向に進んでいけるのです。

しかし他方、手が緩んできたときに、「あっ、最近、気が緩んできてがんばりが足りないわ」とばかり、緩んできた手にまた力を入れてマイナスをつかみ直す人がいるのです。

病気なら、「治さなければ」という気持ちが薄れてきたのを反省し、「やっぱりちゃんと治療しないと」などと思い直して、また「私は病気」とマイナスを握り込むのです。

緩んでくるとつかみ直す、このくり返しをやり続けている方は、結局、根っこから人生が変わることはありません。そのうち「ありがとう」を唱えることもやめてしまいます。とても残念なケースです。

緩んできた手を勇気を持って手放しましょう。すると病気や貧乏などのマイナスと縁が切れて、感謝法から感謝行に昇格するのです。

大きな成長と変化をのりこえる勇気

心のゴムの手がマイナスを握っていると、いつまでたっても幸運は訪れません。つらい現実で悩み抜いていたそんなある日、「もうどうでもいい。どうにでもなれ」と思うようになった途端に、道が開けたという経験をしたことはありませんか。

こうした経験は、単なる偶然ではありません。これが、マイナスを手放したということです。マイナスを手放さない限り、不運はあなたにべったりとつきまといます。

しかし、人間はいったん決めた思いや執着、つまり先入観や固定観念、自己限定などを、それがマイナスだろうとプラスだろうと手放すことはとても難しいのです。凝《こ》り固まった思いほど、手放しがたいのです。

それを手放すかどうかのときには、大きな不安を持ったり、不安がひっくり返って怒りになったりすることすらあります（怒りは不安の二次的感情で根っこは同じなのです）。

たとえば、コペルニクスが地動説を唱えたとき、時の体制は彼を処刑しようとしました。それくらい、人間は変化を恐れる動物のようです。

真理を受け入れ、成長するための変化を柔軟に受け入れる力のことを「叡《えい》智《ち》」と呼びます。心の奥に内在している「ありがとう」は、叡智を呼び覚ます真理の言葉なのです。

だから、「ありがとう」を唱えていると、自然と必要な変化を受け入れられるようになっていきます。そして、マイナスをすっかり手放して、プラスを握って歩むようになるのです。

「ありがとう」を唱えることそのものに気持ちを集中させていれば、不安は最小限で済み、温かさと平安を手に入れることができ、それが一生続くのです。

そればかりではなく、人生そのものが大きく開かれていき、運が一気に上昇します。それと同時に、「こうしてほしい」「これが嫌。あれがつらい」という思いに取り込まれなくなります。個人的な欲求がとても少なくなります。目標は周りの人々の幸せや人類の平和などに変わっていきます。

テイクからギブ、感謝法から感謝行への転向です。

ただこの転換は、何度もお伝えしたように、大きな勇気が必要です。そして今、この勇気が人類全体に求められています。

人類は、大きな転換期に来ていて、ここで転換し損なうと、想像を絶する大きな犠牲が払われることになるようです。戦争と環境汚染と人々のマイナス意識の充満した末期的状況の地球人類から、平和で調和し次元上昇した地球人類になるための通過点なのです。

私はこうしたことの専門家でも、研究家でもないので、詳しい言及は避けますが、これは真実のようです。今は生みの苦しみの時期なので、近い将来、新しい希望と愛のあふれる私たちの未来が生まれようとしています。

今、一人でも多くの方に、「ありがとう」を唱えることで感謝法から感謝行へと成長していただきたいものです。

感謝行に入り、ギブの生き方になれた方は、周りもいっしょに救い上げていく役割を担われます。そして、ご自身がまず幸せになります。

ツイてる人はギブの精神

「ありがとう」の神様は、ギブ&ギブのエネルギーです。

たとえば、太陽エネルギーがなければ、私たちは生きられません。病気になるし、植物が一切育たなくなるので、食べるものもなくなります。

でも、あなたは太陽エネルギーをいっぱい無料で遣っているので、太陽銀行に振り込みをしていますか？　「毎月5000円ずつ振り込んでいます」という人はいないはずです。

また、あなたが生まれて今日まで遣った酸素の量はいかばかりでしょう？　あなたは地球銀行に酸素の使用料を毎月振り込むべきです。

食べ物はどうでしょうか？　昼食にはダイコンをいただき、小松菜をいただき、おうどんにネギを入れて、「おいしい」といただきました。それに対するお金は払っているでしょうか？　「もちろん払っていますよ。ダイコンでも、ネギでも、ちゃんとお金を払ってスーパーで買ってきました」と、あなたはいうかもしれません。

しかし、ダイコンを作ったのはスーパーの店長さんでしょうか。いいえ、違います。お百姓さんでしょうか。いいえ、違います。ダイコンを育て、小松菜を育てたのは、土であり、雨であり、太陽のエネルギーなのです。

それをお手伝いしたり、ダイコンを育てるためのお手伝いをしたのがお百姓さんです。あなたの手もとに運ぶためにトラックの運転手さんやスーパーの店員さんも関わったかもしれません。しかし、それらの人が野菜を作ったのではありません。

自分でダイコンやネギ、小松菜を育て、お米を育てる。そして、家も建て、糸を紡いで布地を編み洋服を縫う、生活に必要なものを自分ですべて作り出すというのはとても難しいことです。また、それは不便ですし、それぞれ得意な人に、その道のプロに任せておいたほうがいい物ができて、効率もよく、値段も安くなります。

野菜を作ることを専門としているお百姓さん、車の運転を得意とする運転手さん、野菜などを取り揃えてお客を待つスーパーの店員さん、こうしたさまざまな分業のエネルギーに対して、あなたはお金を払っただけです。

しかし、あなたが今日食べたイワシは、無料です。海の中でイワシが50円という値札をつけて泳いでいるでしょうか。車エビが、「私は３００円」というでしょうか。ダイコンも、ネギも、お米も、すべては無料であり、神様からのプレゼントなのです。私たち人類は宇宙銀行に毎月莫大なお金を払わなければならないはずですが、それらは全部無料なのです。

なぜ神様からのプレゼントかといえば、イワシやダイコンは自分の命を自分で作り出したのではありません。命を宿していますが、命を作ることはできません。人類だって自分の命をも、自分で作るわけにはいかないのです。

命を宿すためにメスとオスの法則があるこの宇宙の法則が、神様なのです。

これらの例でもわかるように、宇宙のエネルギーはギブ&ギブで回っているのです。今、私たちの社会はテイク&テイクの競争社会になっていて、大自然と逆流を起こしています。人類の持つ賢さと大きなエネルギーで、好都合を求めて人々が勝手な生き方をしていたら、うまくいったかのように見えて、競争社会はストレス社会を作り出し、戦争を生み、驚くほど地球環境が破壊されてきました。

当然、個人の人生もテイクの生き方である逆流を起こしてしまうと運が悪くなるのは当たり前です。神様と離れてしまうとツキがなくなるのです。「ありがとう」の神様と同調できなくなってしまいます。

ギブ&ギブの方向に生きたときに「ありがとう」の神様と同調する順流の生き方になります。すると神様に後ろから押してもらい、元気と情熱が湧いてきて、スイスイ歩むことができるのです。そして、人生がどんどんいい方向に流れていくというのが運のいい人です。

押してもらうというと依存的に聞こえますが、「ありがとう」の神様と同調している人は、自分の感性、個性、直観などに富んでいて、オリジナリティーにあふれ、自分の信じる道を堂々と歩み、周りに迎合せず、自立しています。神様は同じが嫌いなので、一人ひとりをとても個性的な人間にお作りになったのです。

感謝のできる人生を送るコツ

大成功者といわれるような人の言葉に耳を傾けてみてください。「あなたは成功者ですね、がんばられたんでしょうね」と質問すると、たいていは「いいえ、目の前のことをただ懸命にやっていたらここまで来ました。みんなのおかげです」「たまたま時流に乗ったのですよ。ありがたいです」といった謙虚な答えが返ってきます。

そうした人は、宇宙のエネルギーの流れに従いギブ&ギブで活動し、神様のバックアップを受け、天命を生きた人なのです。

ギブ&ギブで生きたとき、あなたの運命は必ずよくなります。まず、いちばん身近な家族や友人、そして自分の仕事仲間、お客様にギブのエネルギーで行動していきましょう。

でも、最終的には、世界人類みんなの幸せと平和、生きとし生ける者すべての調和に向けてギブをしてほしいのです。そういわれると、「私にはそんな力はない」と思うかもしれません。しかし、必ずできるのです。しかも、いちばん質の高いギブ、健康も、食料も、安心も、愛も、ギブできるのです。そして、世界じゅうの人にも、動物にも、植物にも、地球にも、存在すべてにギブできるのです。

そう、あなたが、今からすぐにできるいちばん大きなギブは、「ありがとうございます」という言葉を唱えることです。それが感謝行です。

感謝法ではイメージをした相手と自分だけにしか「ありがとう」パワーが届きません。感謝行だと、すべての存在、すべての命に瞬時にとても大きな「ありがとう」パワーが届くのです。

感謝行をやり始めた人は、地球人類全体の幸せと調和の責任者です。そのために必要な大きなエネルギーを「ありがとう」の神様からもらえ、それが健康となり、愛となり、活力として現れてくることでしょう。また、その大きなエネルギーが、あなたの感性や技術、直観やひらめきとして現れるかもしれません。

大きなエネルギーが、自分の力量以上に事業をとんとん拍子に拡大させ、携わっている仕事の成果を上げてくれるかもしれません。そして、お金として、あなたのところにやってくるかもしれませんし、社会的な権威や地位となって返ってくるのかもしれません。

本来、お金は悪いものではありませんでした。お金は便利ですし、生きていくのに必要です。そして、大きな豊かさをもたらしてくれるものでもあります。しかし、20世紀のお金は、残念ながら人々のゲットのエネルギー、つまり競争、争いのエネルギーで動いているために、お金をたくさんゲットした人は比例してマイナスエネルギーを大量に背負い込み、不幸になってしまいます。

しかし、ギブのエネルギーの結果として与えられたお金は、人を大きく幸せにします。受け取ったお金で人々のためになる事業をし、豊かさを与えます。

それは、福祉施設になるかもしれませんし、いい音楽を人々に提供することになるかもしれませんし、そのための楽器の制作かもしれません。また、おいしい食事を提供するレストランで、お客様にどうやってギブしようかと考えることになるのかもしれません。

暇さえあれば、働く仲間やお客様に、質の高いギブをしようと試行錯誤します。そして、新たな技術や商品、ノウハウを生み出し、自分も能力・手腕を伸ばしていきます。楽しくワクワクしながら夢中で天命を生きていけるのです。

このようにギブの結果として与えられたお金や地位、立場、仕事の成果は、自分も周りもとても幸せにしてくれるのです。

ギブの気持ちで「ありがとう」を唱えた人は、入ってきたお金を、私利私欲に遣ったり、不必要に大きな豪邸を建て、高級車を乗り回し、必要以上のグルメなどに走らないのです。お米一粒ひとつぶの甘みを噛《か》みしめながら、天地の恵みを味わえる人が、必要以上の贅沢《ぜいたく》をしたいとは思いません。与えられた食事の貴さを噛みしめ、喜べるのです。

不思議なことに、「ありがとう」のエネルギーが加わると、食べ物は必ず甘く、まろやかになり、独特のおいしさを醸し出します。そのため、「ありがとう」を唱えながら調理をすると同じ材料でもとてもまろやかな豊かな味の食事ができるのです。食事をいただくときにも、とてもありがたくいただけるのです。ますます「ありがとう」の加わった甘く、栄養価の高い、大自然が秘めたエネルギーがあなたの体の源になるような食べ物に変化していくのです。

いきすぎたグルメは、体に弊害《へいがい》を起こし、肥満や糖尿病などさまざまな病気を併発します。

また、豪華な建物に住むことが幸せとも限りません。化学物質の影響で、シックハウス症候群になっている人もたくさんいます。現代病そのものです。一人が豪邸に住むために、どれほど多くの資源が使われているでしょうか。

いきすぎたゲットのエネルギーは、多くの生命を殺害していて、そのために地球は壊れつつあるのです。

運命を変えるポイントが「ありがとう」の中にある

人生をテレビの番組にたとえると、運命ということがとてもわかりやすくなります。

自分を一つの番組に出演している主人公だと思ってみてください。

悲恋の物語に主演している間はどんなに努力しても、どんなにがんばっても、最終的には悲恋になってしまいます。番組というのは最初からストーリーが決まっていて、途中の変更はあり得ません。それを「宿命」といい、宿命は変えることができません。

しかし、それは一つの番組を選んでいるのにすぎません。チャンネルつまり次元を変えればまた違う番組、つまり違う運命がやってきます。自分が出る番組を変えることができるのです。人格が大きくなり、境涯《きょうがい》が大きくなり、成長すると、波動が変わり、自分の出すエネルギーの周波数が変わると運気が上がり、チャンネルが変わる、つまり運命がよくなるのです。しかし、チャンネルを変えられることに気づかない人が多いのです。

自分に自信がなく、「私は負けてばかりでつらいわ」と、ひがみとねたみで生きている人がいたとしましょう。このような人は、ひがみとねたみに満ちた意地悪なドラマの主人公となり、つらいストーリーを生きることになります。

このような人は、毎日を生き抜くことに精一杯で、自分の人生は一つの番組のストーリーで、自分はその主人公であり、チャンネルを変えられることに気づきません。

地球人の99％は、この人生がすべてで、競争社会という番組を現実だと思い込んでいます。その中でも、一人ひとりは違う番組の出演者なのだとまったく気づきません。たとえ親子でも、違う番組の出演者なのです。

また、自分にはそこそこ自信があり、人と競争して勝ち抜くのが人生なんだという価値基準で生きている人がいたとしましょう。このような人は、人生は勝敗がすべてというドラマの主人公となり、アップダウンの激しいストーリーを生きることになります。

このような人は、やはり毎日を生き抜くことに精一杯で、チャンネルを変えられることに気づきません。

しかし、他人に喜んでもらうことを人生の価値基準においている人は、チャンネルが次々と切り換わっていきます。波動が上がっていくにつれて、自分の波動にピッタリ合った番組を選べます。

私たちは、一生の間にチャンネルを何回切り換えてもいいのです。無限のチャンネルがあるので、成長するたびにチャンネルが切り換わっていきます。運命が変わるというのは、そういうことなのです。

そして、どんどん高い波動のチャンネルに切り換えていくためのいちばん効果的なのが、「ありがとう」を唱えることなのです。「ありがとう」を唱え始めると、どんどん自分の波動が上がっていってチャンネルが切り換わっていきます。

ここで気をつけなくてはならないことは、チャンネルを切り換えるときに、元の番組のマイナスだけでなく、プラスも手放す必要があるということです。

たとえば、自分が出演しているのが平安時代の宮廷物語だとしましょう。その番組の中で自分が着た十二単《じゅうにひとえ》をとても気に入り、これは私の宝物と思っていたとします。しかし、その十二単をずっとつかんでいたら宮廷物語のままでチャンネルは切り換わりません。

この次には、平成の行動的な女性実業家の役が用意されているかもしれません。その実業家は、仕事に長け、さらにみんなを幸せにして感謝され、充実した人生を生きているという役です。けれど、十二単を着たままでは、平成の物語には出演できません。

もちろん、仲のいい友人や仕事のパートナーなども手放しましょう。

もちろん、縁というつながりが強い関係の場合は、いっしょにチャンネルが変わり、新たな番組でも共演者になるケースはあります。しかし、どの人と共演者になるかは、全託しておくことが重要です。

番組が変わるというのは、想像もできないくらいすばらしい人生に変わるのです。今の番組の価値観で見て、大事な人や物であっても、次の番組では合っていなかったり、邪魔になってしまったりすることもあります。この勇気が持てなくて、切り換わる準備ができているのにもかかわらず、切り換わり損ねるケースが多いのです。

チャンネルが切り換わることを笑顔セラピーでは、「ぬるま湯ゾーンからの脱出」といっています。ぬるま湯ゾーンとは、死の地帯であり、人生が停滞し、腐ってくる地帯でもあります。いきいきと生きる人は、どんどん手放し、新たなよりピッタリの人物、そして価値観を受け取っていきます。

まるで高速エレベーターに乗っているかのように、どんどん人生が上昇し、2階から3階、3階で生きていたかと思えばもう10階の住人になっているといったぐあいです。

つまり、チャンネルを変えるということは、マイナスもプラスも全部手放して、今ここを生きるということを表しています。今この瞬間につかんだものは、また瞬間に手放すのです。

今、人類が手放す必要があるのは、20世紀のゲット物語、お金物語です。これにしがみついていたら、来たる調和と幸せ物語には出演できなくなるでしょう。一刻も早く手放さなくてはいけません。ご心配なく、新たな時代には20世紀のような性質のお金は不要になるのです。

入ってきた物をどんどん受け入れ、次の瞬間にはそれを手放す。このサイクルが早くなればなるほど、どんどん運がついてきます。滞《とどこお》りは病ですから、いつもよどみなく流れていくと、どんどん幸せのスケールが大きくなるのです。「ありがとう」を集中して真剣に唱えれば唱えるほど、自分の人生の中で「ありがとう」を唱えるのではなく、「ありがとう」の中に自分の人生があるというふうに変化していきます。

第４章

人間関係の悩みが消える

相手を変えず、自分を変えると人生が変わる

人間関係は、相手を変えようとしてはいけません。自分が変わるためのチャンスであり、変わるためのトレーニングだと思いましょう。

たとえば、お母さんが子どもに、「勉強しなさい」「お手伝いしなさい」「優しくなりなさい」などと、しつけと称して子どもを変えようとします。しかし、そうしたお小言をいえば子どもは変わるでしょうか。

夏休みが来たら、「先に宿題しなさい、ギリギリになって慌てるのよね。毎年同じことをくり返してないで、今年は早くしなさい」といったとします。「はい、お母様。今年は早くしましょう」と、子どもは返答し、納得して宿題を早く済ませようとするでしょうか。

ご主人に、「あなた、飲みすぎですよ。これ以上お酒を飲むのはやめて健康のことをもっと考えて」といったとします。その返答としてご主人は、「確か

にお前のいうとおりだ。お酒を飲みすぎるのは、もうやめよう。僕のことを心配してくれてありがとう」と上機嫌でいってくれるでしょうか。

お姑《しゅうとめ》さんに、「時代が違うんだから、お義母さんの時代のことを押しつけないで。それってとっても窮屈《きゅうくつ》だわ。また贅沢《ぜいたく》だといわれるんだろうなとお義母さんの顔がちらついて、自由に買い物もできやしない」といったとします。お姑さんは、「そうね、あなたのいうとおりだよ。ごめんね、私もどんどん買い物をしよう」といってくれるでしょうか。

たいがいはそのあなたの言葉から関係はこじれ、ますます悪化します。しまいには、「私の人生を傷つけて台無しにしているのはあの人。あの人が変わってくれないから私は不幸」という結論を導き出します。「なんでこんなにできの悪い子どもを持ってしまったのかしら」「酒飲みのだんなはもうこりごり」「今さら離婚もできないし。おばあちゃんの頑固な性格は変わりそうもないのよね」と、自分が落ち込んでしまうのではないでしょうか。

あなたが落ち込むだけならまだいいのですが、子どもも、妻や夫も、家庭が安らぎの場所でなくなります。お姑さんも嫁とうまくいかなくて、つらい余生を過ごすことになります。そしてまた、逆に相手からのうらみつらみをあなたが受けることになるので、ますます自分の運が悪くなり、つらくなります。

悪循環でどんどんマイナスエネルギーが膨らむと、家族や夫婦関係がパンクしたり、だれかが病気になったりすることにもなりかねません。また、そんなマイナスエネルギーの中で育った子どもは、つらい運命を背負うことになります。

〝他人と過去は変えられない〟というのは、心理学でも、宗教でもいわれている真理です。相手を変えようと絶対にしてはいけないのです。

自分の心を取り扱って変えられるのは自分だけです。心は外に取り出せないため、他の人の心は変えられません。

相手の行動を無理に変えさせると、その跳ね返りでいつかは大きなトラブルが起こります。

もし相手が変わったとしたら、あなたの言葉を気づきのきっかけにして、相手が自分で変わろうとし相手自身の心が変わった結果、相手が変わったのです。

自分が変わることを楽しむ

「ええっ、子どもは（主人は、おばあちゃんは）、変わらないんですか！」と失望の声が聞こえてきそうですが、安心してください。他人を変える前に、まずあなた自身が変わりましょう。

自分が変わったら、縁の深い人たち、愛のパイプでつながっている、あるいはうらみつらみのパイプでつながっている（これはどちらも同じことの裏と表です）人たちは、必ず変わります。あなたが変われば、子どももご主人も、おばあちゃんも、友人も、あるいは仕事の上司や部下も、縁者は必ず変わります。

これは宇宙の絶対的な真理なのです。

だから変わってほしい相手に無理に感謝行を押しつけてはいけません。心から受け入れる相手には感謝行をお伝えしてください。受け入れない人のためにあなたがその人の分まで唱えればよいのです。あなたとその人両方が幸せになれます。

宇宙はすべて波動でできています。そして人はだれしも特有の波動を持っています。この波動が同調する相手、同じ波を持った相手としか縁ができないという法則が宇宙にはあるのです。同じ波動を持った相手と縁が濃くなり、お互いに影響し合い、干渉し合うのです。

ですから、自分の波動が高くなったら、縁の深い人たちの波動も、徐々に高くなっていきます。もし、自分の波動が上がったのに合わせて相手の波動が高くならなかったら、そこで縁が切れてしまうことになります。

ふつう親子は波動が同調していますが、子どもが遠くの大学に入学してほとんど家に寄りつかなくなったり、たまに帰ってきても価値観が違う人になっているときなどは、お互いの波動が同調しなくなったときです。夫婦の場合だったならば、お互いのの波動が合わなくなれば、離婚することもあるでしょう。

でも、家族の場合はふつうそんなに簡単に縁は切れません。あなたの波動が上がると、たいていの場合、家族の波動もあなたの波動につられて上がっていきます。感謝や笑顔のある素晴らしい夫や妻や子どもになっていきます。

職場の場合には、縁が切れることも多いようです。自分が配置転換になったり、憎き課長が配置転換になって別の場所に飛ばされて縁が切れてしまったりということが、笑顔セラピーを受講した生徒さんの中では多々起こっています。

リストラになるのもこのケースです。人間関係がつらくても、生活のために、お金のために、簡単には仕事は辞められないと意識のどこかで思っています。しかし、あなたが熱心に唱えている「ありがとう」が、あなたの波動を上げて職場の同僚や上司などと同調し、リストラされて離れることもあるようです。

その職場での形はリストラですが、次の職場の同僚や上司は波動が高く、とても心地のよい部署や会社であったりするのです。神様の命令による配置換えというわけです。

また、「ありがとう」を唱えていると、友人が変わることがよくあります。今まで仲よくしていた人と、どういうわけか距離が開いていったり、お互いが忙しくなって会えなくなったりします。そして新たに波長の合うすてきな仲間や尊敬できる高い人格を持った人に出会えたりといったことが起こるのです。

これとは逆に、「ありがとう」を真剣に唱え始めて、周りの人間関係が何一つ変わらないとすれば、あなたの「ありがとう」は心の奥深くまで届いていないのかもしれません。あるいは、変わるはずがないと決めつけていたり、表面では変わってほしいと思っているつもりでも、本音では今のままを望んでいたりするのかもしれません。

どんなに「ありがとう」を唱えていても、「変わらない」また「変えたくない」

と強く思い込んだ部分は、絶対に変わりません。しかし、自分でも気づかないうちに気にかけていないほかの部分が先に大きく変わるのです。

「ありがとう」を真剣に唱えれば、必ず人生が変わります。自分と自分の周りの人間関係が大きく変わっていくことを楽しみながら、唱えていってください。

恋人がなかなかできないのはなぜ

恋人がほしいけれど、なかなかできないという人がいます。

そのような人は、恋愛相手に依存することで自分の幸せをゲットし、心の安定を得たいと思っているケースが多いのです。「私を愛して、幸せにして」「相手におんぶされたい」という気持ちが、意識的にも、無意識にもあるのです。そんな依存のにおいを感じると、自立した人ほど避けて通りたくなります。

このような人は、心が幼く、我欲が強く、自分一人で立つことができません。

自分で自分を幸せにできないのです。

相手の愛を求めるのは、最大のマイナスのエネルギーです。「恋人がほしい」という、テイクの気持ちで出会った相手と結婚すると、とても大変です。お互いが求めあった結果相手から何を奪えるのか、また押しつけられるのかというバトルの結婚生活となります。

あちこちキョロキョロと見回して相手を求めているうちは、幸せ作りの本物のパートナーには出会えません。あなたはまだ、本当の生涯のパートナーに出会う準備ができていないのです。

その準備は、「ありがとう」を無心に回数多く唱えることからです。自分一人で、じゅうぶんに幸福感を得られるようになります。そして必要ならば、パートナーを探し回らなくても目の前に現れます。

天命を果たすために必要な助けを与えてくれるパートナーなのです。お互いが天命を果たすための大切な役割を果たすために出会っているのです。尊敬し合い、支え合い、与え合い、そしてその結果高められた大きな愛のエネルギーは、２人の間で完結しません。そのすばらしい輝きに満ちあふれたエネルギーは、世のため、人のために向けられ、大きく社会貢献し、社会にまで循環していきます。

また、恋人ができない原因の一つとしては、「自己受容度の低さ」が挙げられます。自分はだれにも相手にされないと、自分に×《バツ》をつけていることはよくあります。

自己受容度が低くなるのは、子ども時代の心の傷が原因になっていることがたいへん多いです。たとえば、両親から愛されていないと思い込んで成長すると、自己受容度が低くなります。子どものとき、厳しいしつけとして、「お前のココがダメ」「〇〇してはダメ」といわれ続けていると、あるがままの自分では愛される資格はないと思い込みます。

自己受容度が低い人も、「ありがとう」を唱えてマイナスを埋めましょう。「ありがとう」を無心でくり返すことにより、自分自身が実は神であり、無限に尊い存在であることが感じられるようになっていきます。

ベストパートナーを得るための条件

人生経験もまだ少ないころは、素敵な恋愛をして、究極のパートナーを得たいと、夢を見ることが多いです。とても残念なことですが、本当はそんなシンデレラのような物語はどこにもありません。

笑顔セラピー受講生の若いＯＬさんから、先日もこんな質問を受けました。

「私は、自分にぴったり合った究極の相手をずっと探し求めています。しかし、なかなか出会うことができないのです。

究極の相手とは、だれにも存在するのでしょうか？　また、どのようにして究極の相手を探せばいいのでしょうか？」

私は、このような質問を受けたとき、こう答えます。

「あなた自身は、今、だれのどんな究極の相手なの？」

実は、彼女の目の前には、すでに究極の相手が現れているのです。

彼女が波動同調の原理で引き寄せた友人、仕事の仲間の中に、究極の相手は存在しているのです。人と人との関係において、今以上の人、今以下の人もありません。今現在の彼女にぴったり合う相手は、彼女の周りにすでにいるのです。

その相手からあなたを見て、あなたが最高の友人であり、仕事上のベストパートナーであり得ているでしょうか。ベストパートナーとして、いつもどんな自分でいようと思っていますか。そして、それは相手の望んでいるベストパートナーの姿ですか。お互い、思いはずれていないでしょうか。もちろん、相手の望みと相手の本当の幸せがずれていることは多々あります。もしそうだとしたら、本気で相手の幸せのためになるよう、自分のあり方を選んでいるでしょうか。

これらの質問は、多くの人々にとって、とても厳しい問いかけでしょう。実際、これらの問いに自分の考えや、自分の行動目標や心がけをスラスラと応えられる人はほとんどいません。

ましてや、目標通りに行動できている人は少ないのです。

厳しいけれど、これがベストパートナーを得るための条件です。まず、自分が出会った相手のベストパートナーであろうと強く願い、行動していくことなのです。

常にそういう意識を持っている人は、恋愛や結婚でも波動同調の法則で同じ波動の人を引き寄せて出会い、愛し合い、支え合えるのです。

まさに自分が変われば運命が変わるのであって、青い鳥をいくら探し歩いても、どこにもいるわけがないのです。

もし、現在、恋人や夫や妻がいるのならば、その人は間違いなく究極の相手であるといえるでしょう。その人とともに人生で、今、学ぶことがあるので必然として出会ったのです。いいことも、苦しいこともたくさんあるでしょうが、その人とともにいて、気づき、成長することで、人生のステージは上がっていくのです。

自分が変われば相手が変わり、自分のベストパートナーになってくれるのです。無心に「ありがとう」を唱え、感謝行に入りましょう。そうすれば、自分が人々のためになること、人を幸せにすることに本気になれます。そして、そのために大事なことがわかってきます。「相手を幸せにすることが、自分が幸せになることである」という真理に気づくことができます。

また、「ありがとう」を唱えていると、絶対うまくいかないと思っていた相手が、最高に大好きなかけがえのない相手になることもあります。それは、あなた自身が究極のパートナーに変化したことを意味します。

また、感謝行を行っていると、究極の相手だと思い込んでいた人と別れてしまうこともあります。執着や依存心でつながっていたマイナスの相手とは、自然に縁が切れてゆきます。

感謝行による別れによってつらい時期を体験するかもしれませんが、それは一時のことです。長い人生において、「ありがとう」は必ず幸福を運んできてくれます。別れることによって、さらに大きなスケールの幸福をつかむことができるのです。

ギブの心＝愛そのもののエネルギーを宿している言葉が「ありがとう」なのです。

「ありがとう」をくり返し唱えてみてください。そうすれば、あなたの隣にいる究極の相手の存在に気づくはずです。

結婚はギブ&ギブの練習場

結婚相手は自分の磨き砂と思ってください。ゴリゴリゴリと自分の薄皮のいちばん弱いところ、いちばん逃げ出したいところを磨く砂です。また、自分の状況を正確に映してくれる鏡と思えばいいでしょう。

結婚までいかず、恋愛関係の場合はどうでしょうか。確かに、恋に浮かれている間は楽しく時間は過ぎていきます。でも、だんだん真剣に恋人と向き合ってくると、必ずといっていいほど苦しくなってきます。その愛が真剣であるほど、苦しさは増します。

「なぜあの人は理解してくれないのだろう」「なぜ私のことを中心に考えてくれないのだろう」など、いろいろな疑問や不安、疑念がわいてきます。

これは、職場の人間関係も同じです。いっしょにいる時間が長くなるほど、大きな仕事を任せられるほど、人間関係は密接になります。お互いの考えがぶつかりがちです。

しかし、よい人間関係はギブ＆ギブからです。見返りを求めずギブの方向に流れていくエネルギーが本当なのです。

それを練習する場が、結婚の相手であり、恋人であり、職場などの身近な人間関係なのです。だから、練習させていただいて、「ありがとうございます」なのです。

そうはいっても、人間だれしも結婚相手や恋人は、私を幸せにしてくれるために現れた人だとつい期待しています。その期待に反した行動を取られたとき、裏切られたと感じ、孤独感にさいなまれるのです。

そういうときこそ、「ありがとう」チャンスです。裏切りや孤独感にさいなまれた際、「ありがとうございます」をくり返しましょう。きっとあなたの中から「ありがとう」のエネルギーがわき出してきて、相手に与えることがスムーズにできるようになってきます。あるいは、相手から与えてもらっていることに気づく自分になります。

また、相手からだけではなく、出会った人すべてから与えられて今日があることに気づきます。天地自然からすべてを与えられていることに、感謝できるようになるのです。

「ありがとうございます」は必要なものを、命を、愛を、すべてを喜び、感謝で受け取るエネルギーそのものだからです。受け取ったら、今度は必ず出ていきます。天地宇宙の法則は循環だからです。「ありがとうございます」は、さらさらと滞《とどこお》りなく流れ、循環するプラスエネルギー、つまり愛なのです。

与えられ続けている自分に気づいたら、次に人々に「ありがとう」を贈りましょう。あとはもう簡単です。思わず相手のためになる行動をし、相手のためになる言葉を選んでいるあなたがいるでしょう。もちろん、相手からも大きな愛のお返しプレゼントがあり、プラスの循環が現れます。

身近な人間関係には、自分にとっていちばん手強い相手が与えられるようです。

「ありがとう」の神様が、あなたに練習の場としてわざと難しい相手を与えているのです。ほとんどの場合、自分のいちばん弱いところを通じて縁ができた相手と、恋人や夫婦という関係になるようです。

さあ、練習、練習です。練習をさせてくださって、本当に「ありがとうございます」。

「こんなにも尽くしているのに、主人は浮気ばっかりします」とか、「ちっとも変わってくれません」などと、相談されるケースも多々あります。でも、自分の心の中をよく見てみましょう。

「これだけ尽くしているんだから私を愛して」「あの人は私なしではやっていけないから」というのは、テイクのエネルギーなのです。心の奥深くにテイクを潜ませて、表面の言葉や行動だけをギブに変えても、真実はやっぱりテイクのエネルギーで流れてしまいます。

自分の心の奥深くに隠した自分のマイナスエネルギーを、「ありがとうございます」で全部浄化していったら、純粋なギブの愛のエネルギーに必ず変わります。

親子は袖触れ合った他人

親は自分の子どもを幸せにするためにがんばります。しかし、そのがんばりは方向を間違っています。子どもの運命は、その子の責任において自由意志で決まっていくのです。

もし、親が子どもにできることがあるとすれば、親自身が人間的に成長すること、また成長しようとしていることです。子どもは親の影響下で生活し、親に依存して暮らしているわけです。そのため、親が成長すれば、当然、子どもも成長します。

また、成長を目指すことが人生なのだと、体じゅうで感じて暮らします。そして、いっしょに成長していくのです。

子どもが世の中の役に立つ人になってほしい、強く自立した人間になってほしい、本当の幸せをつかんでほしいと思う親より、将来、安定した収入の職業についてほしい、社会的な成功者となってほしいと思う親のほうが、今は圧倒的に多いのではないでしょうか。

こうした親の願望は、本当の幸せを願っているのではなく、「好都合」な存在である子どもの親として好都合な自分の人生を送りたい願っているのです。自分の欲を子どもにかぶせているのです。

親の気持ちが安定していて自信を持っていれば、子どもを信じて待ってあげられます。その「信じている」という親の波動が、子どもに計り知れない大きな自信をもたらします。しかし、期待をしたり、不安になったりする親の波動は、子どもに大きなマイナスエネルギーをかぶせてしまっているのです。すると子どもは、たいへん窮屈《きゅうくつ》で不安な人生を送ります。

さらに、今の子育ては、子どもに贅沢をさせすぎています。個室を与え、スマートフォンを与え、いい服を着せて塾に通わせ、本来生きていくのに必要のない物質的な豊かさを子どもに与えます。

お金や贅沢な物は、競争社会の産物なのでマイナスエネルギーです。さらに、これらの豊かさは、不安な親の欲望を象徴したものですので、当然、大きなマイナスエネルギーです。そのマイナスエネルギーを子どもに与えることで、子どもに大きくマイナスをこうむらせて不運にしてしまうのです。

これは、学校など現行の教育制度も同じです。近ごろの学校は、立派な校舎を建てたり、お掃除専門の人を雇ったりしています。お金のかかったさまざまなすばらしい教育施設を造ります。これらのことは、一見、子どもをいい勉強環境に置いて幸せにしているように見えます。しかし、実は逆で、子どもたちは大人社会のマイナスエネルギーで苦しくて仕方がないのです。だから、子どもたちが暴れたり、残酷な事件を起こしたりするようになるのです。

子どもに親の期待を押しつけないということは、子どもを自由にさせるということです。幼い子どもは素直です。親から期待されれば、その期待を背負って親のいう通り生きようと、一生懸命努力します。お母さんやお父さんから認められ、ほめられようとします。

反抗期以降の子どもであっても同じです。本当の気持ちは、親の期待通りにやりたいのです。できない自分が歯がゆくて反抗しているのです。また、本当の自分と親の期待のはざまで揺れていて不安なのです。

お母さんが、「立派なバラになりなさい。そしたら、幸せになれるから」といえば、子どもは本来タンポポであっても、タンポポである自分を捨ててバラにならなければなりません。本当の自分のままでいることは、だめな子、期待を裏切る子、世間の中で劣った子になってしまいます。

これでは、子どもの自由はありません。そして同時に、自立と責任もなくなります。親が敷いたレールの上を、一生懸命素直に歩くことだけが自分の人生なのだと思い違いをしてしまいます。

親や社会が敷いたレールを何も考えずに歩いてきた結果、私から見て、自分の悩みに真剣に向きあって考えなくなるようです。

私のところに、次のような内容のメールやお手紙が寄せられます。

「自分に自信がありません。笑顔ができないのです。どうしたらいいでしょうか？」

――このような悩みをぶつけられても、私は返事のしようがありません。どうして自信がないのか、自信がないというのはどんなときにどうしたふうに感じるのか、どうして笑顔ができないのか、どういう価値観で生きてきたのか、その人のバックグラウンドを知らないので、返答ができません。

一般論で答えるのなら、私はその人のために『笑顔になれる方法』という本の一冊分ぐらいを書いて返事をしなければ、無責任で、中途半端な返事になってしまいます。

もう少し考えている人ならば、もっと具体的な内容の質問をしてきます。「私はこんなふうに考え、こういうふうに行動したけれど、ここがうまくいきません。これはどこか間違っていますか？」とか、質問の中で自分の考えた痕跡《こんせき》を示してくれます。そして、その考え方の中の間違いを指摘してほしいということならば、できる限りのアドバイスもできます。

ただ、「自信がありません」とか、「人間関係が下手なのです」とかでは、何を答えていいのかわかりません。「あなたはプロなのだから、私にいい方法を教えるべき」とか、「教えてほしい」という、単なる依存です。

これは、若者だけの責任と果たしていえるのでしょうか。親や社会の期待に沿って、親や社会のいう通りにすればいい、親に心配をかける子は悪い子、みんなと同じでないと不安という暗黙の方向性、経済社会のゆがみの中で自由をなくして育った結果のように私には思えます。

また、自分は何を大切だと考え、そのためにどう生きるのかという人間としての部分が、人生からまったく欠落しているように見受けられます。だから、自分の不都合な点をなんとか好都合に置き換えたいということしか頭にないのです。

親ができることは、その親の生き様を見せることです。親が人を幸せにすることを第一義に置いていれば、他人を大切にできる子どもになるでしょう。「人には親切にするのよ」と口では言っていても、両親が競争社会の中で人を蹴落としてもなんとか生き残りたいとか、出世したいとか、親戚《しんせき》同士で財産の争いをしていたりしている、そんな親の姿を見たとき、親切にするというのは、とりあえず処世術として、建前として大事であり、本質は競争で勝つことが大事なんだと子どもは理解します。

子どもは純粋かつ聡明なので、そんな親の矛盾を肌で感じ取ります。けれど、大好きなお母さん、お父さんを批判したくない。汚い大人と呼びたくない。また、社会的にまだ非力である自分として反発することで、依存できなくなるのは困るのです。すると、大切なことは見ない、考えない、無視して通りすぎることがいちばんの方法なのです。

彼らは、「人生で大切なことは何なのか」「なぜ自分は勉強するのか」「幸せって何なのか」という人間としてだれでも心の奥にあるはずの根源的な問いに、自ら耳をふさいで生きることを選んでいるのです。そして、ゲームをしたり、ブランド物の買い物をしたり、身近な男女関係やトレンディドラマの世界に夢中になったりして、自分の心の内にある疑問、ひいては不安をごまかすしかないのではないでしょう。もしくは、無気力、無感動に陥《おちい》るしかないのです。

自分でそれら人生の疑問について考え、人に問い、自分で自分の生き方を選び取って生きていく人があまりに少ないと思うのです。

親は子どもを質素に育て、物を与えすぎないことです。そして、失敗する権利、失敗から学ぶ権利があるんだと肝に銘じて、教えすぎないで自由を与えだまってしっかり見守ることが大切です。「見守る」とは信じ愛するエネルギーを与えることなのです。

子どもは自分で考え、やってみて、失敗し、挫折《ざせつ》し、やり直し、自分の人生を構築する権利があるのです。子どもの人生は子どものもの。親の力で子どもを幸せにすることなど、絶対にできないのです。心は取り出せないので、心を育てるのは子ども自身でしかできないのです。子どもは必ず自分の心を育てる力を持っているのです。

それをしっかり信じるということが親になるということです。子どもの幸せのため、必要なことは親の生き様を背中で見せることです。そして、夫婦が愛し合うことです。

子育てに最高の言葉

反対に、子どもにどんどんプレゼントしていいのは、ほめること、「大好き」と伝えることです。そして、抱きしめることです。

ほめすぎて悪い子になるということはありません。抱きしめ、「大好き、あなたが大好き」といってあげてください。

子どもが大きくなり、抱きしめることが難しいときには、「あなたはすばらしい」「あなたのままでだいじょうぶ」という思いをほほえみに込めて贈りましょう。

こういう親の行為は、子どもの大きな勇気と生き抜く力になります。人を愛する力になります。自分の親はあるがままの自分が大好きで、かけがえのない存在として認めてくれていることを理解します。そして、自分には、困難に立ち向かう力があるんだ、こけても立ち上がる力があるんだということを、親が黙って見守っている姿を通して確信していくことでしょう。そして、自分の個性や特長が、自分の本当の財産だと確信する子どもになっていきます。すなわち、潜在能力や潜在意識、自分の持っている無限なる叡智、無限なるパワーをどんどん発揮して、自分の人生を責任を持って自由に生きていく人間になるのです。

今の子育ては、すべからくこの逆をしているように思えます。子どもの悪いところを見つけてはしつけとして指摘し、矯正《きょうせい》していこうとする子育てです。

愛のムチと称してマイナスを指摘し、そして物を与えます。倒れた子どもに手を差し伸べて、自分で立ち上がるチャンスを奪ってしまっているのです。

幼児に対して、しつけをしすぎないことです。幼い年齢で、自由に行動することは悪いことと覚え、いつも人の顔色を見て生きるのが正しいことだと覚えてしまうのです。

子どもがレストランで走り回ったりするといった行儀の悪さやマナーが悪いことは、子どもの自然な内なるエネルギーの発露です。それを、「座りなさい！」「騒がない！」「行儀よく！」としつけられると、子どもは自由に生きること、楽しむこと、自分の内なる欲求を抑え込むことを覚えます。

幼い子どもが行儀よくこぼさないで、マナー通りに食事ができたら、それこそ不自然です。これもまた、自立できない若者への第一歩です。

もちろん、人に迷惑をかけていいと教えるのではありません。レストランで騒ぐ子どもの後ろを追っかけ、周りの人にお詫びをするのは親の役目です。いくら抱き上げて自分たちの席に連れ戻しても、元気いっぱいの子どもはうれしくてまた走り回るでしょう。もちろん、迷惑をかけてはいけないことをゆっくりお話しして聞かせることは必要です。しかし何度話をしても子どもは元気に走り回りますね。

親はゆっくり食事をする時間もありません。それが嫌なら、レストランに子どもを連れていかないことです。おにぎりを作って野山に出かけるべきです。

でも、親が周りの人々を大切にし、人の幸せを優先している姿をいつも見て育った子どもは、早晩、人を大切にすることがいちばんで、それが自分の幸せになって返ってくることがわかります。レストランでも、電車の中でも、周りの人に迷惑をかけないということをしつけなくても、自然としなくなります。

くり返しきついしつけを受け、行動を縛られると、ありのままの自分に自信をなくし、自立して個性を生かす人生を歩めなくなります。

親が子どもに幸せを与えることなど一切できません。親が子どもに与えられるのは、伸びるため必要な良い環境です。子どもが幸せになるのは、自分自身の無限なる叡智とパワーをもってしてです。それを信じましょう。

そして、両親が「ありがとうございます」をたくさん唱えることで、子どもの無限なる力が発揮されも大自然の中ですくすくと育っていきます。

「ありがとうございます」は、世界最高の子育ての言葉であり、子どもへの大きな愛です。もし、子どもにいろんな問題が出てきたときに、まっ先にすることとは、親が「ありがとう」を唱えることで、自分の中のゆがみを正すことです。

そして、子どもを持ったら、まずぜひ実践してほしいことがあります。それは、世界の平和のため、世界じゅうの子どもたちが幸せで平和でありますようにと祈ること、そのための感謝行をすることです。

こんなお母さんやお父さんの姿は、まっ先に自分の子どもを幸せにし、そして、同時に世界の子ども、世界じゅうの大人を幸せにしていきます。

人々のために祈るという大きなスケールの愛を自分の中に育てることが、親となるための必須条件だと思います。

最高の子育てグッズとして100回~200回「ありがとうございます」という言霊が入ったとても楽しいありがとうソングのCDをつくりました。BGMとして流すだけでありがとう一杯の子どもに成長します(詳しくは笑顔セラピーのホームページ参照)。

第5章

天職を知る唯一の方法

運がよくなる3つの条件

私が主宰する笑顔セラピーは、運命をよくする講座です。必ずあなたの運命がよくなります。「運がよくなる保証書を差し上げます」と、講座でお伝えしているほどです。しかし、必ず運がよくなるためには、3つの条件を守っていただく必要があります。

まず1つ目は、笑顔セラピーの実践課題を、毎日行うことです。その課題の中でもまっ先にしてほしいことは、「ありがとうございます」をたくさんたくさん唱えること、そして笑顔体操の実践です。

2つ目は、信じること、そして自信を持つことです。「私は幸せになるんだ」と強く信じましょう。そして何より「ありがとうございます」の言霊の力を信じて唱えましょう。自分の人生は信じた通りになるという、宇宙の法則があるからです。

3つ目は、本気になってもらうことです。本気というのは、決意すること、決めることとです。この3つ目の意味を、ここで簡単に説明しましょう。

「寄らば大樹のかげ」とか、「みんなの行く方向に行ったら自分も人並みの幸せがゲットできる」とかといった時代は終わりました。これからは自立の時代です。ということは、本気で生きる時代です。

自立というのは、今日、だれと何をするかから、自分がどんな人生を生きるのか、自分が全責任を持って選ぶということです。

だから、本当の自分の人生を生きるということは、孤独を生きるということです。あなたが幸せになれる生き方は、だれも教えてくれません。たった一人で道を選び、一人で歩むのが、「生きる」ということです。もちろん、人生の旅人同士は仲よくすべきですが、それぞれが自立していなければ本当の友にはなれません。

しかし、親のいう通りにすればいい、成功者のいう通りにすれば成功できる、というのはうそです。幸せな生き方も画一的な時代ではないのです。

みんな、個性があります。もちろん、成功するのに大切な共通項はあります。縦糸はみな同じでも、横糸は一人ひとり違っていてみんな違った布になるのです。

20世紀は、成功者のやり方を踏襲していけば、表向きビジネスは成功することができました。また、経営コンサルタントの指導の基で経営すれば、企業は収益を出せる時代でした。しかし、今ではそんなやり方も通用しなくなっています。時代が大きく変わってしまったのです。

これは、個人の人生も同じです。今日この瞬間、あなたが何を選ぶかは、自分の責任において決める必要があります。そして、その責任を持てる人が自由に生きられるのです。

実は、幸せとは、自由が保証されてこそ感じられるものなのです。

たとえば、目の前に、とてもおいしくて栄養も豊かな食べ物があったとします。100人が100人絶賛するおいしさで、栄養学的に見てもパーフェクトな食べ物です。しかし、口を無理やりこじ開けられて、口の中に無理にほうり込まれたらどうでしょう。「おいしいですね」とにっこり食べられるでしょうか。きっと味わう間もなく吐き出すのではありませんか。

自分の意志で手を伸ばして、口に運んでこそ、「おいしいねー！」と味わえ、体の栄養にもなるのです。このように、自由のないところに幸せはありません。「楽しい」とは、もともと、自由に「手を伸《たの》ばす」という意味なのです。

しかし、自由な人生はおもしろおかしく楽しいことばかりではありません。自由に生きるには、自分の選択である自分のしたこと、そして自分の発した言葉の責任を、自分で全部取る必要があります。

自立すること、自由であること、責任を取ること、選び、そして決めること――この4つは一つのことをいろいろな言葉で現しているのにすぎません。これらができているとき、あなたは本気で生きているということができます。そして、本気で生きた人に与えられるのが、「本物の無条件の幸せ」なのです。

そして、自由に選び取り、決めた結果、失敗という経験をすることがあるから、次に何を選び、どう決めればいいのかを自分で理解できる力がつくのです。失敗したことがないと、成功のカギはわかりません。まさに失敗は成功の源なのです。

そして、不幸せを味わったから、何が幸せかがわかり、幸せを味わえるのです。真っ黒闇な人生を歩んでいるところへ月が出れば、うれしい、明るいと感じるのです。太陽の下しか歩いたことのない人は、明るいという意味すらわからず、まして明るさを味わって喜ぶことはできないのです。

だから、不幸せ＝幸せなのです。

だから、本気で生きるには、失敗することを引き受けることが必要なのです。

どう責任を取るかで仕事が大変化する

仕事をするということは、責任を取ることとです。

たとえば、あなたがサラリーマンだったとします。会社から与えられた仕事に対して、「わかりました」といって、ただ言われた通りに実行するのは、正しくいうと「仕事をする」ということではありません。これでは単なる作業者です。

あなたはレンガ職人で、今、レンガを積んで塀《へい》を造っているとしましょう。雇い主からいわれた通りの個数のレンガを、ゆがみなく積み上げていくのが作業者です。レンガを積むという命令された作業だけをこなしているのでは、それは本当の仕事ではありません。

本気で生きるレンガ職人ならば、レンガをただ積もうとするのではなく、立派な塀を造ろうとします。レンガの塀に囲まれた、お城を守ることを目的にします。美しくも立派な塀を造ってこの城を安全に守るのは自分の責任だと考えていています。さらに、通行人が見て気持ちのいい、そして美しいレンガの塀にしよう、この町の美観を整えるのは自分の責任だと考えて仕事をします。

そんな高い目的意識を持って、責任を取れる仕事をしている人は、昨日は1時間で100個のレンガを積み重ねたとしたら、今日は1時間120個、130個積み重ねるためには、どんなレンガの持ち方、運び方をすればいいのだろうと考えます。また、もっとゆがみなくレンガを積み重ねる方法はないかと考えるかもしれません。

雇い主にとって、いちばん効率のいい仕事になるように責任を持ち、自分の能力を最大限に発揮し、日々、成長するチャンスと考えて自分への責任も取ります。

人の何倍もの仕事を短時間でこなし、ほかの職人さんの仕事が遅れていたら、自分の余った時間で手伝います。自分の仕事を超えて、全体を見回そうとします。もし、全体のチームワークが乱れているようならば、それを改善するために、全体会議を提案し、工夫点を話し合うことを提案するかもしれません。なぜなら、お城を守る美しい塀をいちばん安く、早く造る責任者は自分だからです。

私は、この原稿を、現在、西宮のファミリーレストランで書いています。コーヒーが運ばれてきて、ちょうど今、テーブルに置かれました。とても大きなテーブルの端に、コーヒーとコーヒーフレッシュや砂糖が入ったかごが置かれています。手を伸ばしても届かないので、立ち上がってコーヒーフレッシュを1つ取りました。

私のテーブルにコーヒーを運んだボーイさんは、コーヒーをテーブルまで運ぶ役割に責任を取っていたようです。もしお客様においしくコーヒーを飲んでもらう責任者と思っている人なら、きっとにっこり笑顔で「どうぞ」とコーヒーフレッシュや砂糖が入ったかごを、私の前に差し出すことでしょう。

もしお客様の暮らしが豊かになる責任者だと考えれば、私の顔を見た途端、

「あっ、毎晩、書き物をしているお客様だ」と思い、「静かなお席にご案内します。どうぞ」とにっこりするでしょう。

さらに雇い主の収益アップにも責任を取れる人なら、混んでいる日は、「申し訳ありません。今日はこちらのお席でよろしいですか？　空いてきたら静かなお席に変わっていただきます」と声をかけることでしょう。

仕事をするということは、自分でどんどん責任を拡大していくことです。そして、責任を拡大していくためには、新たな力や技術、能力が必要となり、自身を成長させることになるのです。責任を取ったときに、必要な成長が果たせるのです。

そして、仕事の成果に関しては、謙虚さと感謝で受け取るのです。「○○さんのおかげです」「いい仕事をさせていただいて、ありがとうございます」という気持ちを忘れないことです。

責任を取らない人は、いつまでたっても人間的な成長はありません。新たな力や技術、能力は引き出されず、惰性に流され永遠に今の自分のままなのです。

責任を取るとは成長することです。そして、今よりも一段高い地点から、俯瞰的に全体を見回す能力をつけるということです。

また、与えられた責任を取るのは当たり前だけれど、与えられる前に先に先に責任を取っていく学びが仕事をするということなのです。お金を得るために仕方なく責任を取るのでは、能力が伸びるより先にストレスがたまり、運気は最悪です。

技術力などは単に仕事への慣れでも伸びます。しかし、心の成長は果たせません。仕事とは、「事に仕える」と書くように、真心を持って当たるのが仕事です。つまりだれかの幸せのために働くということです。「端」を「楽」にするのが、「はたらく」ということなのです。

そして、仕事に責任を取ると決めたとき、あなたの心の中に眠っている無限なる潜在能力、潜在意識がどんどん発揮され、成長していくことでしょう。

本気で生きると本物の幸せ「無条件の幸せ」になる

「ありがとう」を唱え始めるきっかけは、たくさんあることと思います。

人間関係をよくしたい、健康になりたい、トラブルをうまく解消したい、恋人がほしいなど「ありがとう」を唱え始めるきっかけは、なんでもかまいません。しかし、大きく責任を取るということが大事なのです。

この世の中で、いちばん大きな責任の取り方とは、なんだかわかりますか？世界の平和は自分の責任と考えることです。世界の平和と調和のために、無私の心で「ありがとう」を唱えることです。

大きな責任を取るほどに、あなたの心はより大きなプラスエネルギーで愛と調和に満たされていきます。癒《いや》され、満たされ、いきいきし、ワクワクとした心を持てるようになるでしょう。抽象的、道徳的な意味ではなく、ごく具体的な現象としてあなたはプラスエネルギーを受け取ることになります。

　この効果は、あなた個人のみにとどまりません。あなたのプラス波動《はどう》が周囲に伝わっていきます。あなたのプラスが周囲の人々まで癒します。そして、周囲の人から好かれ、感謝され、みんなに協力してもらえるようになります。「ありがたいことだなあ」と、ますます感謝しながら暮らせるようになります。「ありがとう」を、世界平和のために唱える行為が〝感謝行〟です。そして、自分の好都合のため「ありがとう」を唱えるのが〝感謝法〟なのです。

　感謝行に近づくほど、あなたの力量や心の器、そしてあなたの中に入ってくるエネルギーも大きくなります。物理的に体に負担が大きい大変な仕事をやっていたとしても、感謝行とともに働かせてもらうと、どんなに大変でも疲れない体になり、本物の幸せ「無条件の幸せ」の次元に生きることになるのです。

　そして、自分に欠如しているものが必要になったとき、不思議なことにそれが与えられたり、自分にない能力を持っていて、自分を助け、補ってくれるような人との出会いがあります。結果として、あなたの仕事は発展し、あなたの家族は愛で包まれるでしょう。それがまた、地域社会の平和、そして世界の平和のためになるのです。

与えられる責任はなるべく少なく楽をして、もらう給料はできるだけ大きくするのが、世の中で得をする生き方だという常識があります。しかし、それは小さな得のため、大きな損をする生き方です。アルバイトであっても、平社員であっても、究極は社長の責任を取って仕事をしていくのです。そうすれば自分の能力がどんどん高まり、運気がよくなり、充実した仕事ライフ、人生を歩んでいけます。

また、そういう生き方を選び始めると、高速エレベーターに乗ったようにどんどん仕事や職場が変わっていきます。責任を与えられ昇給していきます。

自立と責任、そして自由と幸せ――一つのことをどの角度から見るかによって、自由になり、自立になり、責任になり、幸せになるのです。

それを笑顔セラピーでは、「本気で生きましょう」「やると決めましょう」とお伝えしているのです。

責任を取れない人、自立できない人は、これからの時代を生きていくのはとても苦しくなります。でも、だいじょうぶ。「ありがとうございます」を唱えるほど、自分に自信が持てて、本気で生きることが自然にできていきます。

そして、今ここで自分が何をすればいいのかということに気づき、自立の方向へといざなわれていくのが「ありがとうございます」という言葉の力です。

あなたの天職とは？

最近、「自分が生まれてきた理由」「私の使命」「私の天職」などを知りたがる人がとても多くなっています。今は戦後の「食べていくだけで精一杯」という時代とは違いますから、だれしも自分の心の奥深くの気持ちや生きがいというものに意識が向くのでしょう。

そして、21世紀は天命を生きる以外の人生はあり得ないのです。今、その方向に社会も、人類も、地球もどんどんシフトし始めているのです。

天命とは、天職によって自分の命を花開かせ、精一杯生き切ることです。

天職というと、社会的な職業と考えがちですが、職業だけとは限りません。

たとえば、主婦だって天職となり得ます。子どもを立派な社会人として育てること、夫の仕事を陰で支えること、親の介護をすること、ボランティアをすることなど、これらは立派な天職です。

人に関係するものだけではありません。砂浜のゴミを拾うこと、雑木林の手入れをすること、野性動物の観察、絵を描くこと、詩を書くこと……。

あなたの行為が、だれかの役に立ち、楽しみながら自然体で一生懸命やれることならば、すべて天職です。

また、天職は探そうと思っても、むしろ見つかりません。「これぞ天職」というものを探し歩いて見つけた人もいません。

天職とは、探して自分がそこに行くものではなく、突然わいてくるものでもなく、直観に導かれて自然に行き着くものです。今、この瞬間を一生懸命生きている人が、直観と縁という流れに自然に乗って流れていった結果たどり着くものです。

目の前の仕事を好きになることが全てを決める

天職に至る第一歩は、まずは、目の前の仕事を楽しめる自分になることです。そのために、本気で打ち込むことです。

本気とは、「本当の自分の気持ちを大切に生きること」です。つまり、好きなことをすることです。

松下幸之助さんは、初めての仕事を得たとき、両親に「私はすばらしい仕事に就きました。お父さん、お母さんありがとうございます」とあいさつし、そして、「初めて就いた仕事を天職と思ってスタートしなさい」とおっしゃっています。「目の前の仕事は何でも、天職だと思って努めなさい」ともいっています。これが天職に至る最高の道なのです。

今、目の前にある仕事をつまらないと思ってやっていたら、ほかの仕事に移っても同じです。目の前の仕事を「つまらない」と思ったときや意欲を失ったときは、ターニングポイントです。「仕事をどうやっておもしろくしてやろう」と考えましょう。

目の前の仕事のごく一部に天職の芽があるのかもしれません。朝10分やるお掃除かもしれないし、ときどきかかってくる電話の苦情処理が天職かもしれないのです。

今、目の前にある仕事の中に、得意なことや好きなこと、気になってしかたなくて何とかよりよくしようとがんばってしまうこと、そんなことを見つけて打ち込めば、あなたはすでに天職に向かっているのです。いや、もう天職に携わっているのです。

「好きなことも得意なことも一つもない」というような職場のときには、「ありがとう」を唱えていればいつしか楽しくなり、充実してきます。叡智が働き、直観が得られ、何かに引っ張られるように進み始めます。

ただし、心の奥で「こんな仕事、最悪」という気持ちをつかんでいてはうまくいきません。そんな気持ちを手放して、「ありがとう」を唱えてください。「ありがとう」はあなたにひらめきを与え、目の前にある仕事をあなたの天職に導く言葉だからです。

私のもとに、突然電話をかけてきて、アドバイスを求めてくる読者がたまにいます。そうした方のほとんどの発言は、「私はできないのです」とか、「体が弱いのです」とか、「人に強くいえないのです」とか、「仕事がなくて困っています」とかです。つまり、「私にはできない。だめだめ」と否定する言葉が並んでいます。

だから、私にはお答えのしようがありません。

本気で生きていないということです。目の前のすべてから逃げているのです。「本気で生きる」のはその反対。現れたハードルを真剣に飛ぶことです。

生き方を正す必要のあるときには、目の前にちょっとつらい仕事や事情が現れます。でも、飛べないハードルはやって来ません。少しでも楽しめるよう最大限工夫をし、前向きにトライしましょう。

例に挙げたような後ろ向きの人には、宣言療法がよく効きます。あなたが自分は後ろ向きだ、本気になれないと感じたら、「本気でやる！」「○○をやる！」と、だれもいないところで大きな声に出して宣言してみましょう。私もかつて近くの川原で朝、目標を叫んでいました。

最初は形だけの宣言かもしれませんが、言葉の持つパワーで、気持ちにシャンと芯《しん》が通ります。そして、次に「ありがとう」を唱えると、「ありがとう」の言霊《ことだま》があなたの宣言を応援してくれます。

限界を101%以上超えると天職への扉は開く

目の前の仕事を好きになって天職に至るには、好きなことや得意なことを見つけることです。サラリーマンで、人生それほど切羽詰まっていないけれど、特に好きでもない仕事に就いているときには、目の前にある仕事の中から一部でもいいので好きなことを見つけてください。そして、さらに好きになれるよう、楽しくできるように工夫して、そこには101%以上の力を注ぎ込みます。「ぼちぼちやります」「できるだけがんばります」ではだめです。ここぞとばかり、集中豪雨のように一点集中で101%以上の力を注ぐのです。

「無理したらあかんわ。体を壊す」といっていたら、101%以上の力にはならず、天職への流れもやってきません。

極端にいえば、「仕事をして倒れたら本望」「夢中で突進する」くらい集中してください。「もうだめだ」と思ったときも、「ありがとう」を唱えれば、なぜかまた力がわいてきます。

そもそも、やりすぎたら体を壊すというのは間違いです。体を壊すのは、お金や立場を守ること、つまり自分の好都合を目的として仕事をしているからです。「本気ではない」「本当の自分を離れてますよ」というメッセージであり、仕事のやりすぎで体を壊しているのではありません。体を壊すのは、「間違った方向に進んでいますよ」と、止めてもらっているのです。

ただ目の前のことに集中し、ひたすら一生懸命やっていれば、あるときふっと明るくなる、楽しくなる瞬間があります。

もちろん、何をどんな方法でやるかを考えて、あらゆる方法を考え、工夫してやるのです。100%を超えて考えます。工夫を凝《こ》らしてみます。そんなとき、「ありがとう」を唱えれば、直感を養うことができます。

「できるかぎりを、すべてをやった」と力が尽きたとき、また「全部やった。万策尽きた。もうだめか」と思ったときが100%の力を出し切ったときです。

さあ、ここが分かれ道です。「もうだめ！　無理」と決めるか、ここで「死んでもやり抜く」と決めるかです。「それでもやる」と思ったときに初めて101を超えて101％以上やったことになるのです。すると、不思議に扉が開かれ、すっとできてしまうのです。

100％を超える。つまり、自分の限界を破れば、あなたは変わります。人生は自分の限界にチャレンジするから楽しいのです。おもしろいのです。自己限定の枠を破ってあなたの中の価値観や能力、やり方など何かが音を立てて変わることもあれば、あなたが立っている場面が変わることもあります。つまり、だれかがそんな働きをするあなたを見ていて、抜擢《ばってき》したり協力者が現れたり、新たな方法が見つかったりするかもしれません。

101％以上の力を注ぎ込めば、今の仕事の状況からの卒業式がきて、次のシーンの幕が上がるのです。このとき、一歩天職に近づいたのです。必ずより好きな、より楽しい仕事に変わっていることでしょう。

「倒れるまで仕事しろ」と酷なことをいっているようですが、やっている間苦しくないはずです。夢中なのです。人間、この本気を体験するまでは自立できない、本物になれないのかもしれません。自分を生き切れていないのです。

体力、体の不調、仕事、プライベート、金銭面など、さまざまなシーンで、私は101%以上の力を注ぎ込んで、本気になり切ったときに不思議に、幸運の扉が開く体験をたくさんしました。

「本気で生きる」ということの奥深い本当の意味は、与えられたすべてを「ありがとう」の気持ちで受け取り、一瞬一瞬を大切に、味わいつくして生きることです。こうして生きていれば、マイナスの入り込む余地はありません。目の前のことから逃げたり、できないから言い訳しようという気にもならないでしょう。

本気で本物に至る言葉が「ありがとうございます」です。

お金は必ずあとからついてくる

目の前の仕事に１０１％以上の力を注ぎ込むと、ついに今の仕事からの卒業式がやってきて、次の展開が始まります。ところが次のような悩みを訴えてくる人がいます。

「念願かなって、今までの仕事を辞め、より自分に合っていると思う次の仕事に就きました。天職に向かう流れに乗ったと感じたけれど、生活ができません」

というのです。

「お金は自分で稼ぎ、自分でゲットする」と思っていると、こうした悩みが起こってきます。前の仕事を１００％を超えてやらず逃げ出して、面白そうな仕事にくら替えしただけなのです。

天職への流れに乗ったと感じたら、あとはお任せです。「ありがとう」を唱え、全力投球するのみです。

必要なお金は結果的にあとからついてきます。

または、生活できないという「生活」というのは、我々現代社会に生きる者の場合、かなりぜいたくな状態を指しています。生きるために必要なものをよく考えてみれば、一日おにぎり2～5個とお味噌汁、季節ごとの服4～5着、一人暮らしなら六畳一間……でしょうか。

マンションの家賃に習い事、電化製品、車とその維持費、それらがなければ果たして生きていけないでしょうか。プライドを保つためやぜいたくへの出費がほとんどなのではないでしょうか。

私は離婚後、生活保護を受けるという発想からスタートしました。しかし、国の援助で暮らすより、やれるところまで自力でやる、と決意し実現できたのです。

好きな仕事とは思えなかったけれどセールスの仕事に全力投球をし、150％の力を出し切りました。その当時培《つちか》った売るためにお客様の心の動きを素速く読み取る能力が、今、講師業の中で生きています。

その後は、本気(本当の自分の気持ち)の自分をいつわってお金のために働くのではなく、やりたいことをやろうと決め、ただ目の前に次々現れる課題を夢中でクリアする旅のような人生でしたが、あとから必ずお金がついてきました。天命への流れに没頭すると、必ず神様のバックアップがつくのです。

お金の計算を始めると、不思議と天職は一気に遠のきます。天職に向かう道は、予定も計画もいりません。ただひたすら、目の前のことに、夢中になって本気でやるのみです。

だから、特別な世渡りの能力など不要です。むしろ、不器用なほうがいいのです。

人生の土台からゆがみを直す

「本気で150%の力を注ぎ込んでいるつもりです。でも、がんばってもがんばっても、うまくいかない」という人がいます。

今、目の前の仕事に101%以上の力を注ぎ込み、天職と思う仕事を見つけた、それでもうまくいかないというときは、土台の何かがズレているのです。ズレた土台の先に伸びる枝に実を結ぶことはありません。

ズレの代表は、心の奥底の我欲によって、好都合の幸せを求めているというものです。

世間の評価を得るための目標や、親の期待に応えることが大切だと思っている人。家族のためにと身を粉にして働いて貯蓄が目標になっている人。保身に陥っている人。世のため、人のための仕事をすると口ではいうが、実は認められたいという気持ちや権力欲、金銭欲に取り込まれていることに気づかない人。

もう一つのズレの代表は、自分を守るために無意識で作った価値観のゆがみや心の傷を持っている人です。こうしたトラウマの土台の上に構築した仕事は、土台がマイナスですから、うまくいきません。

こうした人たちこそ、「ありがとう」が必要です。「ありがとう」を唱えていると、こうした自分の中のズレに気づき、自然と浄化が始まり、消えていきます。そして本物の天職の方向に引っ張られ、ますます本気になっていきます。

こんな例があります。

あるイラストレーターは、イラストを描くことが自分の天職だと思っていました。しかし、「ありがとう」を唱え始めたら、イラストの仕事がへってきたそうです。こういうときは、「ありがとう」で仕事を取り戻そうとしても、うまくいきません。このイラストレーターには、もっと別の天職があるのかもしれません。

また、土台がズレているので、そのズレが直ったら、まったく作風の違う自分らしいいいイラストが描けるようになるかもしれません。

たとえば、お金になるイラストを描くため、自分の個性を押し殺して社会の風評に合わせていたのが、「ありがとう」のパワーで本当の自分らしさがイラストになるのです。また、イラストではなく、絵画を描き始め、イラストの道を捨てるのかもしれません。

「ありがとう」は天職へ向かう言葉です。そのため、今の仕事が天職ではない場合には、職を失なったり、仕事が変わったりすることもあります。しかし、ここで怖がって「ありがとう」を手放してはいけません。

次々と仕事が変わることになっても、そのプロセスが必要だったということもあります。しかし、その流れの中で体験したことすべてが、最終的には必ず役に立ちます。必要だったとわかります。

あなたが「何かうまくいかない」と感じたときこそ、「ありがとう」を唱えてください。根っこにマイナス思考があろうが、好都合の幸せを求めていようが、それらは「ありがとう」を唱えることで消えていきます。「ありがとう」は心のゆがみを消す言葉でもあるのです。

ゆがみの上に建った家は、簡単に傾いてしまいます。これと同じで、生き方にゆがみがあると決して天職に就くことはできません。

「ありがとう」を唱えてゆがみが消えると、そこにはすばらしい世界が広がります。マイナスが大きければ大きいほど、プラスに返ったとき、その喜びも感謝の気持ちも大きいともいえます。

ゆがみが取れ、本当の天職への流れに乗ったときの喜び、解放感、充実感は、想像をはるかに超え、すばらしいものです。生まれてきたからには、「本気」がもたらす至上の幸福感、無条件の幸せを一度は味わうべきです。同じ人生は二度とないのですから。

天職が天命となると本物

天職とは、人の役に立ち、これぞ自分にぴったりの仕事と感じ、心から喜びを感じ、生きていることに満足できる仕事です。それを一生懸命していたら、お金に困ることもなく、不安になることもありません。

天職は、地位や権力、知名度、高収入を目的に生きることとは、まったく対局の世界です。

天命とは、読んで字のごとく「天の用命で働く」ということです。しかし、本当の「天命」とは何も特別なものではありません。みな、今、すでに天命を生きているのです。

天命とは、天からいただいた命を喜んで受け取り、今ここをひたすらに生きることです。ただ生き、呼吸をすることなのです。すべてをプラスで受け取る、つまり「ありがとうございます」で受け取り、生かされていることに満足して生きるのです。これこそが天の命を生きること、天の用命なのです。

そうすれば、あなたがどんな花であっても、その資質が全開で見事美しく咲きます。これは大自然の法則、宇宙の法則ですから、例外なく全人類に当てはまるのです。

今、生かされている自分に感謝し、「ありがとう」を唱えれば、天地に根が伸び根を張ります。そうしたら必ず天の花が咲き、天命に生きることができます。一呼吸ひとこきゅうを大切に、今ここを本気で精一杯生き、一呼吸ひとこきゅうを喜び、「ありがとうございます」で心がいっぱいになること。そのあとに、必ず結果はついてきます。

本当のことをいえば、結果はどちらでもいいのです。「ありがとうございます」の一呼吸ひとこきゅうが重要で、その一呼吸が実は幸せの神髄なのです。すべては「ありがとうございます」で始まり、「ありがとうございます」に行き着くのです。「ありがとうございます」と感謝の心で、今ここを生き切ることが天命を生きることなのです。

かねてからいわれていたように、地球が次元を上昇し始めたようです。「ありがとうございます」を真剣に唱えて生きることは、なにより大切な天命なのです。「ありがとう」は大自然の大調和そのものだから、そこに戻るためになにより感謝行が大切です。

この本を読まれたあなたの天命は、「ありがとうございます」を唱えることです。「ありがとう」は、実に不思議な言葉です。あとは自然体で生きればお任せで動いていれば、あなたに必要なことが必要な時に起き、幸福いっぱいに生きていけることでしょう。

私は、最近の山や海、太陽、空、月のとても美しいその輝きを見て、地球が変わったことを確信しています。感謝行を実践する人々はこの輝きを実感できます。

同じ物を見ても、その人の次元によって受け止めるものは違っているのです。だからみなが同じ世界を見ていると思うのは間違いで、実は一人ひとりの宇宙はみな違っているのです。

地球の波動が上がり始め、その波動に同調できないと、地球上で生きることがたいへん苦しくなっていきます。自分の波動を上げる方法が感謝行です。

美しく輝き始める地球とともに上がっていき、自然の美しさを実感し、自分自身の宇宙も美しく輝かせてください。

すると、あなたの人生と周りの人々とは愛で結ばれ、助け合い、それぞれの個性を生かし、競争しない世界、共生の世界で、笑顔いっぱいに楽しく暮らせるのです。

本物の幸せとは「無条件の幸せ」の中にある

人は好都合な条件を得ることが幸せになることだと錯覚し、これらの条件をゲットするために、必死で努力し、ひた走ります。

収入が多いという好条件、職場で有能であるという好条件、みんなに認められている、健康であるなど、いろいろな条件を求めます。

もちろん、求める条件が手に入ったら、うれしいに違いありません。しかしその喜びは永遠に続くのでしょうか?

決して、永遠にその喜びは続かず、次なるマイナスに遭遇し克服するために、さらに条件を求めて必死にがんばる、または好条件がずっと続くと、人は飽きてしまい、喜びは消え、かえって不満になるのです。

このことはあまり知られていませんが、宇宙の絶対法則なので、欲する好条件を得て、永遠の幸せの中に生きる人は、この世にひとりも存在しません。

しかし、今ここで、一呼吸ひとこきゅう「ありがとうございます」で受け止め、「ありがとうございます」の中で生き切れば、必ず本物の幸せである「無条件の幸せ」の次元に上がり、なんとも表現しがたいとても素晴らしい喜びと温かさ、安らぎのまっただ中で暮らすことになるのです。

これは、山のあなたの空遠くにあるきれいごとではなく、私の目の前で、次々と起きている具体的な事実です。

あなたが、無条件の幸せの中で生きてほしい、これは私の悲願です。

第6章

ありがとうの本当の意味

科学的に証明された祈りの効果

職業というのは、自分の特性や特技など、自分に与えられた個性を生かして、社会的なしくみの中で周りの人にギブすることです。

個性とは、実は「ありがとう」の神様とつながったときに輝き出るものです。神様とつながったとき、脳波はアルファー波となり、「ツイてる」という状況になります。

つながらないと、他との調和が崩れているので、個性ではなく、くせになってしまい、我になるのです。だから感謝行で個性を生かしてください。

しかし、「私は特技を持っていないの」とか、「知恵も何もなくてフリーターなの」とか、「だれでもできるお仕事しかできないわ」という人がいるかもしれません。でも、だいじょうぶ。もっともっとすごいことが、あなたにはできるのです。それは祈りです。人間ができる最高のギブは祈りなのです。

深刻な問題となっている地球の環境問題。あるいは、さまざまな政治家や平和主義者が多くの方法を試みたけれど、一向になくならない戦争。でも、あなたは、その環境問題を解決し、戦争をなくす力を持っているのです。そんな大きなことができるのです。

それは「ありがとう」の祈り、「ありがとうございます」と一心に唱える感謝行は祈りです。祈りで、平和は確実に訪れます。

アメリカで行われたある実験をご紹介しましょう。１９９８年に、心臓病の専門医ランドルフ・バード博士などは、サンフランシスコ総合病院で10カ月間の祈りの実験を行いました。

３９３人の冠状動脈系に問題のある患者を、無作為に１９２人と２０１人に分け、両グループに今の医学ででき得る最高の治療を施しました。そして、１９２人のグループの患者に対して、クリスチャンから募集した人々に、１人につき5～7人に祈ってもらいました。

祈りを捧げる人々には、患者のファーストネームと病状だけが知らされ、祈りは自由に任せられたのです。患者にも、医者や看護婦にも、だれが祈られているかはまったく知らされていませんでした。

そして、その結果は驚くべきものだったのです。

祈ってもらったグループの患者は、抗生物質の投与が5分の1になり、うっ血性心不全になる確率が60％も低く、また心臓停止の確率が低くなりました。気管内に管を通した人が、祈られないグループでは12人いたのに対し、祈られたグループでは0人だったなどの有意差が出たのです。この実験以外にも、医学の世界ではいろいろな祈りの実験が行われています。

ノーベル生理・医学賞授賞者であるアレクシス・カレル博士は、「祈りというのは、地球の引力と同様、現実的な力であり、人間の生み出し得る最も強力なパワーである。医師として、多くの患者があらゆる療法で失敗したあと、祈りの力で病やうつ状態から立ち直っていくのを目撃している」といっています。

サンフランシスコ総合病院の実験結果では、祈る人が病院の近くにいても、遠くにいても効果は同じだったそうです。また、具体的な結果を求めて祈ったよりも、漠然と「御心のままに」と祈ったほうが効果が大きかったという報告もあるようです。

漠然と祈るということの意味は、要するに「感謝行」です。また、「この人が早く治るよう」にという目的を持った祈り方は、「感謝法」だといえるでしょう。つまり、感謝行のほうが、大きな効果を得られるということを証明してくれた実験だといえるのではないでしょうか。

あなたが今すぐ、毎日、できることは感謝行をすることです。「ありがとうございます」を唱え、「ありがとうございます」の中で暮らしていると、祈りのエネルギーがあなたの手足を自然に動かし、喜んでお掃除を始めるでしょう。そして、掃除機を持つ手を動かしてするあなたのお掃除は、「祈り」そのものとなるのです。

祈りのパワーでするすべての仕事は効率よく、的確な動きができて疲れません。そして、直観が働き、さまざまな工夫も生まれてきます。必要なチャンスも、人を引き寄せて、輝く光の中でできていくのです。これが天命を生きるということです。お掃除をすることも天命なのです。

このように、自分が今やっていることを「祈り」としてやったとき、世界の平和は自分の責任なんだと思って祈りのお掃除をしたとき、あなたは世界最高の世界平和の総責任者になるのです。だから、あなたはあなたのままで世界中で最も重要な人、世界中であなたにしかできない祈りで個性を発揮するのです。

そして、責任を持てば持つほど、その責任を果たすための能力も、智慧《ちえ》も、健康も、お金も、必要なら与えられます。だから大きな責任を持つと、大きく与えられるのです。結果として、いちばん先に得をしているのは自分ということになるのです。これは、あなたの人生に具体的なできごとや運命となって現れてきます。

あなたの発した祈りは、いちばん先に自分に届き、世界中の人々に届いていきます。そして、祈りをしている人たちは、無意識のうちに祈りのネットワークの中に身を置くことになるでしょう。

自分の中で始まって、自分の中で集結する感謝法より、宇宙全体に無限に広がり万倍も大きなパワーを持つ感謝行のネットワークの中に、祈りをするあなたはもう存在しています。そして日本中の人が唱えた「ありがとう」は、相乗効果の莫大なエネルギーを持ってすべてあなたに降り注ぐのです。

感謝行の祈りは、完全でかつ最高の幸せを与えてくれます。そして、最高の幸せを、世界中の生きとし生けるものにギブできる唯一絶対の方法なのです。

やった人だけ実感できる

「ありがとう」を英語でいうと「サンキュー」、フランス語でいうと「メルシー」、ドイツ語でいうと、「ダンケシェン」、韓国語でいうと「カムサハムニダ」、中国語でいうと「謝々」です。「ありがとう」には、こうしたさまざまな感謝の言葉と、同等の力を持っています。

しかし、「ありがとう」に「ございます」をつけると、感謝の言葉から、宇宙エネルギーを降ろしてくる宇宙語に瞬間に変化するのです。

突然こんなふうにいわれても、なんのことだかよくわからないと思います。しかし、あなたが感謝法を実践し始めると、たぶんすぐに「ああ、これなんだ」と実感することだと思います。

日本というのは、日の本の国と書きます。あるいは、日本の国旗を見ると、他国の国旗と明らかに違っていることは、だれもが感じることではないでしょうか。

実は日の本の国、そして国旗の日の丸は宇宙を現しているのです。日本のことを、大和の国といいますが、これは大調和の国という意味なのです。大調和というのは、つまり大自然、宇宙のことです。それを言葉に現したとき、「ありがとうございます」になるのです。

「ありがとうございます」は、神の名前であり、この宇宙を作り、私の体を作り、こういう自然現象や調和を作っているという、そんな意味になる壮大なスケールの言葉なのです。宇宙そのものなのです。そして、その絶対法則というのが、たとえば精子と卵子が合体して体が生まれること、酸素を吸って炭酸ガスを吐くこと、つまり植物と動物の数が調和しているから、酸素と炭酸ガスの量がいつも一定だということなのです。そのほか、宇宙で行われているすべての営みなのです。

そして神とは、全ての命を活かしつくす「愛」です。「愛情」は人間の持つ感情で愛と愛情はまったく別物です。愛は絶対プラスのエネルギーです。

絶対法則と愛を目指す道程を、日本では「道《タオ》」といいます。だから、精神を養う目的の修練は「柔道」「剣道」「華道」「茶道」とすべて道がつくのです。真理に則《のっと》って愛を生きる心を作るのが目的なのです。そういう意味で、「神の道」で「神道」というのです。

この本でいう神とは、一つの宗教組織の教祖様とか、そこで祀《まつ》っている神様のことではないということです。宇宙すべての大調和の様子を神と表現しているというふうに理解してください。

ありがとうの本当の意味

「ありがとうございます」の「あ」と「り」をもう少し詳しく解説すると、次のようになります。

●「あ」の言霊

「あ」は、明《あか》るい、開《あ》ける、空《あ》き地の「あ」で、すべて光が降り注ぐところを指します。「あ」は光源、プラスエネルギーの源を現すのです。

私たちは気分が行き詰まってきたり、エネルギー不足になって疲れを感じたりすると、どうするでしょうか。ぐうっと伸びをして気分転換に「あーあ！」と発声し、あくびをしてプラスエネルギーを補います。「りー」とか、「すー」といいながら伸びをする人も、国もありません。真理は世界中、同じだからです。

ここで、「りー」といいながら実際に伸びをしてみてください。気分転換はできません。大昔の人たちも、「あー」で伸びていたのです。

ため息をついて「あーあ」も同じです。マイナスエネルギーが入ってきていたので、暗い出来事が起き、それを明るいエネルギーをそそいでプラスに変換するために、無意識に「あーあ」とため息をついているのです。

だから、ため息は悪いものではありません。無意識のうちに出るものは、この大自然の一部です。すばらしい意味のあることです。

大自然にマイナスはありません。台風だって、地震だって、一部分だけをミクロに見るとマイナスでも、全体をマクロで見ると地球全体の浄化作用であり、調和を取り戻すために起こっているのです。

「最悪！」とか、「もうだめだ！」とかといったマイナス言葉を遣うから、ため息は悪くなるので、本来はマイナスの浄化なのです。

「あ」のエネルギーは宇宙の光源を現しています。物理学の世界でわかったことは、すべての物質、すべての現象は光でできているということです。その光源から光が降り注ぐ現象が、「あ」という言霊《ことだま》なのです。

●「り」の言霊

「り」というのは、らせん状にすべてが組み合わさっていることです。

例えば一日は朝昼夜を繰り返し、季節は、春夏秋冬をくり返します。しかし、去年の春1年生だった子どもは、必ず今年2年生になります。まったく同じ春は二度とやって来ません。

同じ所をぐるぐる回るのではなく周期を持ってくり返すということは、宇宙の法則です。

このように宇宙はらせん状に成長していくという性質を持っています。これが「り」という言霊の意味です。

ページ数の関係でここでは省きますが、「あ」「り」と同じく「が」も「とう」も、「ご」「ざ」「い」「ま」「す」もそれぞれが、言霊として意味とエネルギーを持っています（つづきは笑顔セラピーのホームページをご覧ください）。

そして「あ」から「す」までの全てを合わせて「大調和」と「無条件の幸せ」「無条件の愛」をもたらす絶対プラスのエネルギーを持つ言葉が「ありがとうございます」なのです。

また「ありがとうございました」という言葉は、悪い言葉ではありませんが、「た」で結ぶと「た」とは「断ち切る」つまり「終了する」というエネルギーがあり、絶対プラスが降り注ぐのが一旦終了します。

反対に「す」は「スタートしてまた戻ってくる」という意味があります。だから出て行って戻る場所を「巣」というのです。

結果、繰り返し絶対プラスのエネルギーが働き続ける言霊ですので、日常なるべく「ありがとうございました」と言うよりも「ありがとうございます」と言うことをおすすめします。

言葉と言霊とは、正確には違います。言葉の中にも、この「ありがとうございます」を筆頭に、言霊を持った言語もあります。また、言霊があまり宿っていない表記音、人間がルール化して作っただけの外国語もあります。

ルール化された言語であっても、遣えば遣うほど、遣っている人の意識がだんだんにこもっていくので、まったくエネルギーがないということではないようです。しかし日本語は、言霊がもともと宿っている言語であり、日本は言霊のさく国であるといわれています。その最大最強の言霊が、「ありがとうございます」なのです。

すべてのプラスを内包した言葉

また、「ありがとうございます」を分解すると、次のような言葉になるのです。

「無限の無限の喜びがいっぱい」「無限の無限の幸せがいっぱい」「無限の無限の安らぎがいっぱい」「無限の無限の調和がいっぱい」「無限の無限の感謝がいっぱい」「無限の無限の愛がいっぱい」「無限の無限のエネルギーがいっぱい」「無限の無限の健康がいっぱい」「無限の無限の富がいっぱい」「無限の無限の笑顔がいっぱい」「無限の無限の平和がいっぱい」「無限の無限の繁栄がいっぱい」「無限の無限の優しさがいっぱい」「無限の無限の成功がいっぱい」「無限の無限の素直さがいっぱい」「無限の無限の輝きがいっぱい」「無限の無限の謙虚さがいっぱい」「無限の無限の想像力がいっぱい」「無限の無限の勇気がいっぱい」「無限の無限の恵みがいっぱい」「無限の無限の能力がいっぱい」「無限の無限の叡智

がいっぱい」「無限の無限のゆるしがいっぱい」「無限の無限の直感力がいっぱい」

などなど、ほかにも無限の数のすばらしい光に満ちたプラスの言葉がありますが、書ききれません。これらの言葉をすべて包括し、内包しているのが、「ありがとうございます」という言霊なのです。考えるだけで気が遠くなるほどすごい言霊です。

「無限の無限の」という言葉はフラクタル(入れ子構造)といって、宇宙構造がいくつもの次元が重なってできていることを現しています。そして、そのすべての次元に存在しているのが私たちです。

すべての次元を現すためには、無限を重ねて「無限の無限の」という必要があるのです。真実《ほんとう》はさらに「無限の無限の○○が無限に無限にいっぱい」と現わすべき大きな言霊が「ありがとうございます」なのです。

ですから、「ありがとう」も、「無限の無限のありがとうございます」というと、さらにパワーアップし、宇宙大の言霊になるのです。

「ありがとう」を唱えるときには、ときどき、これらの言葉を「ありがとうございます」の間に入れるといいでしょう。改めて、「ありがとう」の本当の意味を確認できるのです。

実践したらすぐわかるありがとう効果

私や受講生、読者が体験したことをよく観察し、分析し、考えてみると、先にご説明した言霊の解説とどこも食い違っていない、まったくその通りだということができます。

あなたもぜひ、自分の体で人体実験をしてみてください。もし何か薬を飲んで人体実験をしてくださいといわれれば、躊躇《ちゅうちょ》することでしょう。しかし、感謝行は違います。ただ、「ありがとうございます」を唱えればいいのです。たとえ、一日に100回、1000回「ありがとう」をいったからといって、何一つ、危険も被害もありません。

「ありがとう」を一日に1000回、5000回、1万回も唱えると疲れるのではないかと考える人がいます。しかし、事実は逆です。

これまで疲れやすい体質だと思っていた方が、「ありがとう」をいいながら仕事をしたり、自転車に乗ったりしていると、全然疲れない、むしろどんどん元気になります。また、怒りやイライラに悩むときに「ありがとう」を唱えると、怒りやイライラがすーっと消えたという報告もそれこそ山のようにあります。これだけでも、ぜひ実験して、自分の体で確認してほしいと思います。「ありがとう」を本気でやっていただいた方は、この本の内容を、「なるほど、そうなんだなあ」と実感なさると思います。

最初はできるだけ数多く、1000回を約15～20分、5000回を約1時間～1時間40分くらいから始めましょう。そうすると、「ありがとう」エネルギーが実感できると思います。

実践あるのみ、新たな自分、新たな人生の幕が上がります。さあスタートしましょう。

付録

幸運が舞い込んだ４名の体験談

●体験談1

笑顔セラピーで学んだことで知人を救った

黒田宏子(40歳・主婦・兵庫県)

ある日、久しぶりの知人から、切羽詰まった電話が届きました。突然、顔面マヒになり、ここ数日は、日に日に悪くなっているとのことです。思いあぐねて病院に……。

診断はやはり顔面マヒ。日にちの経過を待つしかなく、約半年はかかる。で、その時点で完治するのか? もしくは何年かかるのか? 保証はないとのことです。健康には自信のあった人です。電話からでも伝わるぐらいの落ち込みよう。数日後、会うことになり……やはり知人の申告どおりの状態でした。

その時の私は、笑顔セラピーにたった2回参加しただけの新米中の新米。でも、参加する度に、言葉に表せない程の感動で、セミナーでも涙を流さないようにするのがやっとの状態です。このことを知人に伝えました。多分その時の私は、必死に訴えていたのでしょうね。素直に聞き入れてくれました。

「まず、自分の周りの全てに感謝！　この程度でよかった！　五体満足、ご飯もいただけるし、空気も増える！」

笑顔セラピーでの受け売りを思いつくままに語っていたようです。そして、知人は、その日から一生懸命感謝しながら……頬をさすったそうです。「日に日に良くなってきている。そんな気がする」との連絡がありました。

あれから2週間後、結果として発症後3週間で、マヒはなくなっていました。病院の先生もびっくりなさっていらしたとのことです。「何があったのか？」と驚かれたそうです。

もちろん、私は知人からすごく感謝されたのですが、私のおかげではありません。知人の治りたいという一生懸命な気持ち(全てに感謝したおかげ)です。

このことによって……ありがとうございます……の言霊に、改めて一番お礼を申し上げたいのは私です。

あの時、私に連絡するように、と知人に電波を飛ばしてくださった神様、ありがとうございます。新米の、つたない私の説得を……素直に受け入れてくれた知人にも……感謝しています。

そして、あと毎日、笑顔セラピーの「無条件の幸せセラピー」が待ち遠しい私です。

●体験談２

両親との確執が解消され夫は会社で表彰された

Ｙ・Ｈさん（45歳・主婦・神奈川県）

ある日、ホームページで笑顔セラピーという講座を見つけました。「笑うこと」は心身の健康にいい」など、笑いと笑顔の健康への効果についてはこれまでにも聞いていたので、その講座を受講することにしました。

その講座では、「ありがとう」や笑顔の効用について教わりました。そこで、1カ月後に迫った自分の誕生日までに、「ありがとう」を10万回唱えようと私は計画しました。そのため、毎日1万回唱えることにしたのです。

私の場合、「ありがとうございます」と早口に唱えると、５０００回で1時間ほどです。午前1時間と午後1時間の一日2回、時には30分ということもありましたが、いすに座って集中して「ありがとう」を唱えました。

「ありがとう」を唱え始めると、物事はどんどん変わっていきました。

数十年間続いていた背中のしこりのような痛みが消えてしまいました。

また、人前で話すことはとても苦手でしたが、それが解消しました。私は同時に「話し方講座」も受講していました。

以前の私だったら、スピーチをすることを考えただけで緊張し、頭の中は真っ白になっていました。しかし今では、聴衆一人ひとりの表情を見ながら、リラックスしてスピーチすることができます。

意外なことに、話し方講座の講師からは、「もう少しがんばって講師を目指さないか」といわれました。人前で話すことが苦手な私に、そんな申し出をしてもらえるなど驚きです。

しかし、以前の自分だったならば、そんな申し出もすぐにお断りしていたはずです。けれど、「ありがとう」を唱え始めてから考え方も変化したのか、「そういう選択もあるのだな」と素直に申し出を受け入れることにしました。自分の中にあった見えない心の枠が消えてしまったようで、とてもうれしかったです。

さらにうれしいことに、両親とのわだかまりも消えました。

私と両親との確執は長く、私の中学時代から始まります。約30年間続いた両親との確執に、私は半ばあきらめを感じていました。しかし、私が「ありがとう」の10万回連呼を達成したあとは、私も両親も変化し、確執は解消しました。

今では、自分の両親のもとに生まれてきたことがとてもうれしく、心の底から「ありがとう」の気持ちがわいてきます。これは私の直観なのですが、背中のしこりのような痛みは、両親との確執のしこりが具現化したものだと思います。マイナスの思いが消えたので、背中のしこりも消えたのでしょう。

また、私に影響を受けて、主人も「ありがとう」を唱え始めました。すると、主人は会社で、その年の最優秀社員に与えられる社長賞を受けることになりました。

「ありがとう」を唱え始め、私は精神的に大きく成長したと思います。以前は、明るく前向きにがんばろうとすると、かえって力が抜けたり、落ち込んだりしていました。前向きな気持ちを入れることのできない「底の抜けたコップ」のようだと、自分のことを思っていたのです。

しかし今は、無理をしなくても心はポジティブです。「自分の身に起きることは全部〇《マル》」だと考えられます。そうしたポジティブな心持ちになったのは、両親との確執から解放されたからなのだと思います。

現在は、笑顔セラピー、そして「話し方講座」の両方の講師を目指し、毎日が充実しています。「ありがとう」に出会う前には予想もできなかった人生の好転に、私自身、驚いています。

●体験談3

嫌な上司が優しくなり本当の幸福に気づいた

Ｋ・Ｈさん（52歳・主婦・東京都）

私の場合、「ありがとう」を唱えるきっかけは、ある牧師さんのホームページでした。その牧師さんのホームページには、「『ありがとう』を一日に１０００回唱えよ」と提唱されていたのです。このページを偶然見つけ、実践するようになりました。

私の場合には、「ありがとう」を唱え始め、10日でいい変化が現れてきました。

私の方法は、具体的な人物を思い浮かべながら、「ありがとう」を唱えていました。30歳と24歳の２人の息子、職場の嫌な上司、そして主人にそれぞれ１００回の「ありがとう」。そのほかにも、親戚《しんせき》や同僚などを思い浮かべながら合計して一日に1000回の「ありがとう」を唱えていました。

最初に変化が出てきたのは2人の息子です。私に対して、とても優しくなったのです。すると、「息子たちに対してもう心配することはない」という気持ちになりました。

主人は、私の誕生日にメールをくれました。こんなことは結婚以来初めてです。職場の上司は、みんなからの嫌われ者でした。ほかの職場の同僚からは、「よくあんな上司の下にいられる」といわれたほどです。しかし、その上司に対しても、私は感謝の気持ちしかなくなりました。すると、その上司をはじめ、同僚のだれもが、私に以前よりいっそうよくしてくれるようになったのです。

そんなころ、母の使いで書店に行き、野坂先生の『人間、生きているだけで、ありがとう』(現在『ありがとうと言うだけでいいことがいっぱい起こる』マイナビ文庫で改訂版として発売中)を、偶然購入しました。その内容に、倒れんばかりの驚きを感じました。「ありがとう」の言葉がすばらしい理由を、きちんと説明してあったのです。それからは、「ありがとう」をますます熱心に唱えるようになりました。

私は、29歳のときにキューブラー・ロスや神谷美恵子さんの本に出会い、「お2人のような他者を癒《いや》す人になりたい！」と切望するようになりました。それからはカウンセリングスクールに通ったり、聖書を読み込んだり、呼吸法を試したりしてきました。とにかく自分なりに本気で、他者を癒す人になるための方法を模索し、そんな資格があるなら取得したいと探し求めてきたのです。

野坂先生の「笑顔セラピー」が東京にできると知り、私も通い始めました。そして1カ月ほどたったころ、「ありがとう」を唱えていると心の声が私に質問してきました。

心の声「なぜいろいろ努力するの？」

私「幸せになりたいからに決まっているじゃない」

心の声「だってもう幸せになっているじゃない」

この自問自答は、目からうろこが落ちるほどの体験でした。今までは、「幸せになりたい」と幸せの外側にいたけれど、今はもう、生きているだけで「ありがとう！」と感謝できるほど幸せの中にいたのです。この体験を野坂先生にお話しすると、「悟りに近づいたね」といわれ、本当にうれしかったです。

迷っている現代人は、救いを求めていろいろなセラピーやカウンセリングを受けます。しかし、救われることはなかなかありません。現代人の一人として、私も迷路に迷い込んでいるときに、「ありがとう」のすばらしさを体感しました。「ありがとう」を唱えれば救われ、みんな幸せになれると知ったのです。人を癒《いや》すにはこれしかないと確信し、現在は「笑顔セラピスト」を目指しています。

今、心はいつも「ありがとう」の気持ちでいっぱいです。

●体験談4

不眠症が解消され内臓の不調や鼻炎も改善した

S・Hさん(30歳代・派遣社員・神奈川県)

野坂先生の『人間、生きているだけで、ありがとう』(現在『ありがとうと言うだけでいいことがいっぱい起こる』マイナビ文庫で改訂版として発売中)を知って読みました。そして、休み明けに「笑顔セラピー」が東京であると知り、これも縁だと思って参加することにしました。

実はこの数年間、私の人生はうまくいかず、暗中模索の状態でした。ストレスから病気にかかり、そのたびに10日から1カ月ほど入院し、仕事も辞めざるを得なくなるということが何度も続いていました。

昨年の夏には、ひどい不眠症になってしまいました。仕事のストレスと、結婚を考えている相手との関係がストレスとなったのが原因です。薬に頼るのが嫌で、民間療法なども試したのですが効果はなく、最終的には導眠剤を飲んで眠るようになりました。しかし、入眠剤を飲むと昼間はぼんやりするようになり、仕事も休みがちになってしまいました。

不眠症に苦しんだ3カ月間は、毎日死にたいと思っていました。通勤の電車のホームでは、「飛び込んだら楽になる」といつも考えていたほどです。昨年の年末には、「こんなことをしていたら自分はだめになる。何か手段を講じなくては」と焦っていました。

そのための手段として、まずはヨガを始めました。そして症状が少し落ち着いたときに出会ったのが、「ありがとう」なのです。

「ありがとう」を唱えていると、5分ほどで眠りに落ちることができるようになりました。精神的な悩みも軽くなり、もうこれだけで私にとっては天国です。

7月からは朝5時に起きて1時間半、夜も1時間半、集中して「ありがとう」

を座りながら唱えました。すると、私はめきめき変化していったのです。

「ありがとう」に出会う前の私は、うつうつと悩みやすく、自分が存在すること自体に罪悪感を持っていました。自分を無価値なもの、社会のごみのように感じていたのです。何かがあると自分と他人とを比較し、自分を責め、相手を責めていました。

それが、「ありがとう」を唱え始めたら、自分や他人に対する否定的な気持ちがまったくなくなったのです。今ここに存在させてもらえるだけでありがたく、幸せと感じるようになりました。生きることはとてもすばらしい、誕生させてくれてありがとうと、心から思えるようになったのです。

今では、これまでの悪いことも、つらいことも、「ありがとう」に出会うため、自分という存在を受け入れるためにあったと感じています。今やっと、私はプラスマイナスゼロの状態になれました。これからはプラスに生き、自分や他人を否定するような間違いをくり返すこともないでしょう。

このお話をしている今は9月です。私にとって9月とは、膵臓《すいぞう》や胃腸などの不調で入院するための月でした。元気な9月など、本当に何年ぶりでしょう。一年じゅう、悩まされていた鼻炎の症状もなくなりました。どこの職場に行ってもだれよりも体が弱かったのに、今では近くにカゼを引いている人がいてもうつりもしません。

仕事に関しては、以前は「ちゃんとやらなくては」とすべてをプレッシャーに感じて自分を追い込んでいました。しかし、今は自分のできる精一杯をやればいいのだと気楽に向き合えるようになりました。

恋愛は、自分が相手そのものを見ていたのではないことに気がつきました。社会的な条件などで選んでいたことが客観的にわかったのです。それがわかると、つき合っていた相手とも、自然と仲は解消されました。

「ありがとう」を唱えていると、唱える前に出会った相手とは波長が合わなくなることがあるそうです。私は、それを実感しました。

「ありがとう」と出会うことで、私の人生はまったく変わりました。新しく生まれ変わったような光に満ちた自分の人生を、これから歩んでいきたいと思っています。

おわりに

人生を木に例えると、実がお金や物、そして花が職業とか学歴、資格などの社会的立場です。大きくたくさんの実がなり、華やかな花が咲いた、つまり出世をしたら勝ち組です。

そして葉っぱは人間関係、いろいろなご縁や愛、人生で何より大切な事は、家族や仲間から愛されることを、何よりも求めるのではないでしょうか？　しかし、いざ枝が折れた、つまり健康を害し病気になったら、一大事です。枝がしっかりしていなければ、実も花も葉も無い、健康あっての人生ですね。

実…お金・物質
花…出世

葉…人間関係・愛
枝…健康

この四条件が豊かにそろっていれば幸せになれるはずと、誰もがこの四条件を求めて、ひた走っているのでは無いでしょうか？

各国も国民がこの四条件を満たせる国家であるようにと、実、つまりお金を求め、国家の花と葉は、教育や文化です。これらの向上を目指し、しっかりと枝を伸ばすべく健康教育をし、枝が折れた時のため、医療を発達させます。

日本は、敗戦から努力に努力を重ねて先進国となり、四条件は豊かな国です。だから、国民は笑顔一杯で、皆幸せになるはずでした。子供達も高い教育を受けて、すくすくと伸びていくと想定していたのです。しかし、現実は真反対で、いじめや事件の加害者、被害者となる子が増え続け、引きこもりやうつ病、アトピー、遂にはストレスが真因である成人病になる子まで現れ、仕方なく成人病から生活習慣病と病名を改めなければなりませんでした。
そして、日本はうつ病大国、自殺大国で、国家予算の４割近くが医療費として消費されているにもかかわらず、国民は癌を始めとし、様々な病苦に悩まされています。

幸せになるため、条件を求めると、皮肉なことに、幸せから離れてしまいます。条件を得るために縛られ自由がなくなり、ストレスがたまるからです。その結果、心身が病みます。

今の社会と文化の中では、条件を求めて前向きに生きることが良しとされ、やる気があるとか、夢を実現するとかと、美しい言葉で飾られているのが、とても気になります。しかしやる気になり夢をもって実現を目指している人の、目標はやはり、実、花、葉という条件なのです。そして、実や花の取り合いで、競争社会の中に突入して頑張り、ストレスフルになり、嫉妬や焦り、不安と戦う人生が始まります。

「本当の幸せ」ってどこにあるのでしょうか？　仏教では、向こう岸、彼岸にあると言います。この世では無くあの世の天国でしょうか？

そこに行くためには川を渡る必要があるようです。この本では、川向こうの天国に行くことを、テレビの番組を変える、つまり次元を上げると表現しました。

実は、生きたまま行ける天国が、すぐそばにあるということを、私と笑顔セラピーの仲間はしっかりと確認できました。本当なんです。ホントですよ！！　そして、年齢も職業も頭脳明晰かどうか等、一切無関係で、誰でもがその世界に行けることもわかりました。そしてそこは、人々は支え合いと与え合いの世界で、病苦や貧困に苦しむことも全くありません。

そんな夢のような、次元が実はあるらしいと思い、とても勇気が必要でしたが、

6年前から「無条件の幸せセラピー」を立ち上げました。そう、本当の幸せになるために条件は不要です。一人でも多くの方が、その次元に上がって、「あゝ幸せ～」と感じながら暮らす人になって欲しい、これは、私の悲願です。

最近、本当に驚いたことに、次々のその次元に上がっていく人が増えてきたのです。しかも、今現在、彼岸に渡る人は、とっても早いのです。人生が一気に変わり「あゝ、幸せ～」と感じる日々をゆったりと味わい、輝いていかれます。次元を変えて性格や能力も見違えるように変わられます。

今は、慣れましたが、六年前に始めたばかりの頃は、もう、本当に感動し、びっくりしました。

どうも、今、有史以来、最大の地球の一大転換期で、地球が波動を上げているため、普通、そう簡単に上がれない無条件の幸せ次元に、誰でもが上がれるチャンスの様なのです。

今、世界ではテロの対策、環境問題など、政治だけでは、何一つ解決できません。

一人でも多くの方に愛の次元に上がって欲しい、それが、世界を平和にする唯一の方法だと、思うからです。

私は、彼岸への船頭役を、今生の天命として命をかけて果たしてゆきます。

ありがとうございます

のさかれいこ

本書は、『世界一簡単に幸せになれる「ありがとう」の魔法』
（２００６年２月／マキノ出版刊）を改題・再編集し、文庫化したものです。

野坂礼子(のさか れいこ)

1947年生まれ。心理カウンセラー・スピリチュアルセラピスト。日本産業カウンセラー協会労働大臣認定産業カウンセラー。大手出版社のセールスマネージャーを経て独立。その後、心理学と生き様を極めたところから昭和61年笑顔哲学を生み出し、『ありがとうございます 笑顔セラピーねっと』を始める。講演・社員研修・マスコミで活躍中。平成20年9月8日社会文化功労賞受賞。

【著書】

『人生を変える笑顔のつくり方』
『人生を変える言葉ありがとう』
『笑顔エネルギーが人生を変える』(PHP研究所)

『笑顔の魔法』(青春出版社)

『運が味方する笑顔とありがとうの法則』(きれい・ねっと)

『「ありがとう」と言うだけでいいことがいっぱい起こる』(マイナビ文庫)

体験談集小冊子2種(笑顔セラピーねっと)

【CD】
「聴いているだけで幸せになる不思議なCD」(ありがとうソング)
「親子でうたう　ありがとうまほうのうた」(ありがとうソング)
『潜在意識にありがとうの言霊が直接入るサブリミナルCD「ありがとう瞑想」』
(笑顔セラピーねっと)

【DVD】
「感謝行・・・必ず結果の出る実践法のコツ」講演録
「笑顔とありがとうは神人への道」講演録(笑顔セラピーねっと)

協力:笑顔セラピーねっと(http://www.egao-therapy.net/)

マイナビ文庫

幸せ!って感じる自分になれる「ありがとう」の魔法

2017年10月31日 初版第1刷発行

著 者 野坂礼子
発行者 滝口直樹
発行所 株式会社マイナビ出版
〒101-0003 東京都千代田区一ツ橋2-6-3 一ツ橋ビル2F
TEL 0480-38-6872（注文専用ダイヤル）
TEL 03-3556-2731（販売）／TEL 03-3556-2736（編集）
E-mail pc-books@mynavi.jp
URL http://book.mynavi.jp

カバーデザイン 米谷テツヤ（PASS）
印刷・製本 図書印刷株式会社

ISBN978-4-8399-6492-4
Printed in Japan